BRAD

SAUNDERS LEWIS

Christopher Davies

SBN 7154 0083 5

Argraffwyd gan
Wasg Salesbury,
Llandybie, Sir Gaerfyrddin

Cyhoeddwyd gan
Christopher Davies (Cyhoeddwyr) Cyf.
Llandybie, Sir Gaerfyrddin

RHAGAIR.

Rhaid imi gael bwrw'r bai ar y cyhoeddwyr am gyhoeddi'r ddrama hon yn llyfr cyn ei dangos ar lwyfan theatr yn ddrama actio. Mi wn fod hynny'n annoeth. Mi newidiais i gryn dipyn ar *Siwan* ar ôl gweld ei hactio hi'r tro cyntaf ar lwyfan Garthewin. Felly hefyd gyda rhai dramâu eraill o'm gwaith. Ond fe ddeil y cyhoeddwyr fod cael darllen y ddrama cyn ei gweld, yn enwedig oherwydd mai unwaith neu ddwy ar y gorau y gellir fyth ei gweld ar lwyfan theatr Gymraeg, yn help i'w dioddef hi. Mae'n siŵr fod yn iawn i ddramaydd helpu ei gynulleidfa, pe na bai ond er ei fwyn ei hunan. Gan hynny, dyma hi.

Trasiedi hanes yw hi. Seiliwyd hi ar ddigwyddiadau a fu ym Mharis ac yn Normandi yr ugeinfed o fis Gorffennaf, 1944, ac wedyn. Crogwyd dau o'r cymeriadau, y Cadfridog Stuelpnagel a'r Cyrnol Linstow yn ninas Berlin Awst 30, 1944. Crogwyd y Cyrnol Hofacker Rhagfyr 20. Llyncodd y Cad-farsial Kluge wenwyn a marw ar unwaith drwy hynny ar y ffordd yn ôl i'r Almaen ar ôl ei ddiswyddo yn niwedd Awst. Y mae'r Cadfridog Blumentritt yn fyw heddiw yn Frankfurt. Yr wyf yn dymuno o galon nad yw'r portreadau a geir o'r cymeriadau hyn yn y ddrama hon yn gwneud dim cam â hwynt nac yn debyg o roi poen i'w teuluoedd. Mi gefais gyfle'n ddiweddar i gael sgwrs (yn Saesneg) gyda pherthynas i'r Cyrnol von Hofacker ynghylch ei syniadau politicaidd ef. Mi geisiais hefyd beidio â dweud dim nad oedd yn gwbl wir am y Cad-farsial Gunther von Kluge. Er enghraifft, y mae'r hanes am ei ddyled ariannol ef i Hitler i'w gael gan amryw o'r haneswyr.

Y mae dau gymeriad dychmygol yn y ddrama. Un yw Else von Dietlof, yr ysgrifennydd preifat i Lywodraethwr milwrol Ffrainc. Yn awr benyw yn wir, gwraig briod, yr

Iarlles Podewils, oedd ygrifennydd preifat y Llywodraethwr ar y pryd. Yr oedd hithau o deulu da. 'Wn i ddim a ydyw hi'n fyw neu beidio. Er nad oes cyfraith ar y mater, gwrthun, mi dybiaf, yw llunio stori serch ddychmygol am wraig fonheddig dramor sydd yn ôl pob tebyg yn fyw. Dywedaf yn y fan hon mai hollol ddychmygol, heb un gronyn o garn iddi mewn hanes, yw'r stori yn y ddrama hon am gariad y Cyrnol von Hofacker ac Else von Dietlof. Efallai y dywedir wrthyf nad oedd gennyf hawl i gymysgu hanes â stori ddychmygol. Bûm yn anesmwyth ynghylch hynny a phenderfynu yn y diwedd o blaid y cymysgu am dri rheswm : (1) fod drama heb ferch ynddi yn feichus i gynulleidfa ac yn llai diddorol i lawer o actorion ; (2) nad hanes yw drama hanes eithr gwaith creadigol ; dychmygol yn y pen draw yw'r holl gymeriadau ; (3) am mai trwy'r cymysgu hwn yn unig y gellid awgrymu neu sumboleiddio effaith digwyddiadau politicaidd a gweithgarwch politicaidd ar fywyd preifat a phersonol, a'r dynfa angerddol sydd weithiau rhwng y ddau gylch o fyw.

Wedi dweud hynny a gaf i groniglo'r ffaith fod y diweddar Gyrnol von Hofacker yn 1944 yn briod, yn dad i deulu o blant, ac na bu unrhyw helynt garu yn ei hanes ef ym Mharis. Bûm yn ofalus na cheid dim yn y ddrama hon ond a fyddai er anrhydedd iddo. Yn y ddrama, ef ei hunan, drwy oedi a gwrthod cyfle i ddianc, sy'n achosi ei restio yn ystod cyrch awyr. Felly hefyd y digwyddodd pethau.

Cymeriad dychmygol arall y ddrama yw'r Cadfridog Karl Albrecht, pennaeth yr S.S. yn Ffrainc. Enw gwir bennaeth yr S.S. yn Ffrainc yn 1944 oedd Karl Albrecht Oberg. Y mae ef yn fyw, yn garcharor am ei oes mewn carchar yn Ffrainc. Nid darlun ohono ef yw Karl Albrecht fy nrama i. Y mae'r haneswyr Ellmynig a Seisnig yn dangos fod y Cadfridog Oberg yn swyddog mwy dynol a mwy moesol a mwy dyngarol na *gauleiter* cyffredin yr S.S.. Yr oedd yn rhaid i minnau wrth gymeriad i gynrychioli'r Gestapo, cymeriad a fyddai'n ddarlun o'r teip ac o syniadau'r teip. Byddai'n annheg bwrw'r baich hwnnw ar ŵr sy'n fyw ac yn y carchar yn ddiamddiffyn. Sauckel oedd y *Gauleiter* yn 1944 a bwysai am gyrchu gwŷr ifainc Paris i weithio yn ffatrïoedd arfau'r Almaen. Fe welir felly mai cymeriad sunthedig yw Albrecht fy nrama i, ond ceisiais roi iddo yntau fywyd personol unigol a phathos sy'n briodol iddo. Mae'r hyn a ddywed ef am Hitler a sosialaeth yn yr act olaf yn rhan bwysig o'r ddrama. Mor llwyr ac mor hawdd yr anghofiwyd ein rhan ni yng nghreadigaeth Hitler.

Fe geir hanes y cynllwyn yn erbyn Hitler, Gorffennaf 20, 1944, a'r *putsch* ym Mharis mewn llu o lyfrau. Pwysais innau'n drwm ar ddau hanesydd Saesneg, Chester Wilmot, *The Struggle for Europe* (1952) a J. W. Wheeler-Bennett, *The Nemesis of Power* (1953) ac ar y cyfieithiad Saesneg o lyfr Wilhelm von Schramm, *The Conspiracy of the Generals* (1956). Mae'n syn y modd y mae'r haneswyr hyn a nifer o rai eraill, megis Gisevius yn ei Atgofion enwog, yn croes-ddweud ei gilydd hyd yn oed ar bynciau pwysig o hanes. Yr wyf yn dechrau deall sut y gallodd y diweddar Syr Reginald Coupland ddywedydd cynifer o bethau hollol anwir amdanaf i fy hunan yn ei lyfr ar *Welsh and Scottish Nationalism*. Mae darganfod y ffeithiau gwir hyd yn oed am bobl sy'n fyw ac am ddigwyddiadau enwog iawn yn ein hoes ni'n hunain yn rhyfedd o anodd. Peidied neb â chwilio am gywirdeb ffeithiol yn y ddrama hon. Y mae ynddi lawer o anghywirdebau bwriadol. Rhoddaf enghreifftiau. Gorffennaf 23 y cychwynnodd yr ymchwiliad swyddogol gan y Gestapo i'r *putsch* ym Mharis, ond deu-ddydd yn ddiweddarach y restiwyd Hofacker. Yr oedd y Cyrnol Linstow eisoes dan rest yn ei lety. Gwesgais innau'r cwbl i un act o hanner awr. Enghraifft arall a phwysicach : nid aeth Linstow gyda Stuelpnagel a Hofacker i'r Roche-Guyon nos Iau, Gorffennaf 20. Nid i'r Roche-Guyon ychwaith y daeth neges teleffôn olaf Stauffenberg fel yn y ddrama, eithr i Baris. Hofacker, nid Linstow y ddrama, oedd cyfaill mynwesol Stauffenberg a'i gâr hefyd. Rhoddais i hyn oll ar Linstow, ac am reswm syml : ychydig a wyddwn i am Linstow ac mi wyddwn gryn lawer am Hofacker. Felly, er mwyn adeiladu cymeriad Linstow ar gyfer y ddrama mi drosglwyddais arno lawer o briodoleddau'r Hofacker hanesyddol. Dywed Schramm ac eraill am ei afiechyd a cheir ffotograff ohono yn llyfr Schramm sy'n ei ddangos yn ŵr ifanc eithriadol hardd a golygus.

'Rwy'n gobeithio fod yn rhydd gwneud fel yna mewn drama. Peth arall gwahanol yw cymeriad ac egwyddorion dynion y bu ganddynt ran bwysig yn hanes Ewrop. Mi ymdrechais i roi darlun teg o'r Cad-farsial Kluge yn argyfwng mawr ei fywyd ac argyfwng mawr yn hanes yr ail ryfel byd ac yn hanes Ewrop. Y mae'r haneswyr yn parhau hyd heddiw i anghytuno ynghylch cymeriad Rommel ; rhoddais innau farn a safbwynt swyddogion ei staff ef yn y ddrama. Gobeithiaf hefyd fod y darlun o'r Cadfridog Blumentritt yn deg ac na wneuthum i ddim cam â Stuelpnagel na Hofacker.

A ydyw dehongliad y ddrama o draddodiad ac o ysbryd *Corps* Swyddogion byddin yr Almaen yn iawn? Ni pherthyn imi ddadlau ar hynny. Llyfr Mr. Wheeler-Bennett yw'r dehongliad Saesneg safonol - fe welir fy nyled i i'w gasgliadau ef ar dudalen 689 o'r *Nemesis of Power* ; fe welir hefyd fod Blumentritt a Hofacker yn ail act fy nrama yn dweud pethau gwahanol. Mi ddaliaf i fod eu dehongliad hwy o ysbryd a thraddodiad y *Corps* yn un a goleddid o leiaf gan nifer o swyddogion gorau'r staff. Ond, wrth gwrs, nid argyhoeddi haneswyr yw fy nhasg i, eithr argyhoeddi dros dro y gynulleidfa a fo'n gwrando yn y theatr. Dyfodol Ewrop yn ail hanner yr ugeinfed ganrif a'r frwydr am enaid yr Almaen—yr Almaen sy'n gwegian o hyd yn y fantol rhwng Ewrop ac Asia,—dyna thema'r ddrama hon. Mae dyfodol Gorllewin yr Almaen ymhell o fod yn ddiogel heddiw, ac oblegid hynny y mae dyfodol Ewrop oll yn llwyr ansicr. Tybiaf fod hynny'n destun priodol i ddrama Eisteddfod Genedlaethol Glyn Ebwy yn 1958.

Goddefer gair byr am iaith. Gan nad oes, ysywaeth, fyddin Gymreig a Chymraeg yn rhan o gorffluoedd amddiffyn y Gorllewin, bu'n rhaid imi fathu rhai termau technegol, rhyw ddau neu dri, a gobeithiaf fod eu sain a'r hyn a wneir o'u clywed yn ddigon o esboniad arnynt. Clywais feirniad llenyddol yn dweud ar y radio yn ddiweddar fy mod i yn '*Gymerwch chi sigaret?* wedi cefnu ar y ddrama fydr a derbyn rhyddiaith yn derfynol. Mae gennyf i barch i'r beirniad hwnnw, ond a gaf i awgrymu nad yw'r gwahaniaeth ddim mor bendant a therfynol ag yr awgrymodd ef. Nid oes na ffin na therfyn. Nid rhyddiaith llyfr yw iaith rydd drama. Y mae rhuthmau clywadwy a miwsig llafar o angenrheidrwydd yn ofynnol yn y theatr.

S.L.

Rhaid cael caniatâd swyddogol y Cyhoeddwyr cyn chwarae'r ddrama "Brad." Y mae'n ofynnol gyrru am y caniatâd o leiaf saith niwrnod cyn y perfformiad. Gyrrer am y telerau a'r caniatâd at Llyfrau'r Dryw, Llandybie, Sir Gaerfyrddin.

* * *

Bwriedir actio'r ddrama hon y tro cyntaf yn
Eisteddfod Genedlaethol Glyn Ebwy,
Awst 7, 1958.

Y Cynhyrchydd yw Herbert Davies a chynlluniwyd
a pheintiwyd y golygfeydd gan David Tinker.

BRAD

CYMERIADAU :

Y Cymeriadau yn y drefn y gwelir hwy ar y llwyfan :

Yr Iarlles ELSE VON DIETLOF, *ysgrifennydd preifat i Lywodraethwr Ffrainc.*

Y Cadfridog HEINRICH VON STUELPNAGEL, *Llywodraethwr Milwrol Ffrainc.*

Y Cyrnol CAISAR VON HOFACKER, *ar staff y Llywodraethwr.*

Y Cadfridog KARL ALBRECHT, *Pennaeth yr S.S. a'r Gestapo yn Ffrainc.*

Y Cyrnol HANS OTFRIED LINSTOW, *Pennaeth y Staff ym Mharis.*

Y Cadfridog BLUMENTRITT, *Pennaeth Staff y Gorllewin ac olynydd Stuelpnagel yn y swydd o Lywodraethwr Ffrainc.*

Y Cad-farsial GUNTHER HANS VON KLUGE, *Pen-cadfridog Lluoedd Arfog y Gorllewin.*

MILWYR.

Y mae'r ddwy act gyntaf yn digwydd brynhawn a nos Iau, Gorffennaf 20, 1944, a'r act olaf dridiau'n ddiweddarach yn y bore.

ACT I.

2.30 p.m., dydd Iau, Gorffennaf 20, 1944.
Ystafell Llywodraethwr Milwrol Ffrainc yn yr Hotel Majestic, Avenue Kleber ym Mharis. Offis yw'r ystafell yn awr, gyda moelni offis. Bwrdd a theleffôn arno. Cwpwrdd dur a chlo iddo y tu cefn. Cadeiriau.
Pan gyfyd y llen y mae'r Iarlles ELSE VON DIETLOF *yn eistedd wrth y bwrdd—bwrdd a llawer o fapiau a phapurau arno—ac yn darllen papur i'r teleffôn :*

IARLLES : " Y mae'r Cadfridog Albrecht ar ei ffordd yn ôl i Baris i weld y Llywodraethwr Milwrol er mwyn trosglwyddo iddo neges oddi wrth y Reichsfuehrer Himmler,"—ydy' hynny'n iawn, Herr Cadfridog ? . . . O'r gorau, mi rodda' i'r neges i'r Llywodraethwr ar unwaith. Fe fydd yma ymhen munud neu ddau . . . .

(Mae hi'n rhoi'r teleffôn i lawr, yna'n codi a mynd trwy'r papurau sydd ar y bwrdd a'u trefnu, gan adael un map yn agored. Yna daw STUELPNAGEL *i mewn ati.)*

STUELPNAGEL : Wrthi o hyd, Iarlles ? . . . 'Gawsoch chi fwyd ?

IARLLES : Pryd go frysiog . . . 'Gawsoch chi ?

STUELPNAGEL : Mi geisiais fwyta cinio . . Go anodd.

IARLLES (*gan chwerthin yn ysgafn*) : Fe fydd gennych chi fwy o stumog yfory.

STUELPNAGEL : Neu heno . . Heno, 'rwy'n gobeithio, os bydd pethau'n digwydd yn hapus.

IARLLES : Wrth gwrs, gyda'r Marsial yn y *chateau.* Fe gymerodd *chef* gorau Paris gydag ef.

STUELPNAGEL : Ydy'r papurau i gyd mewn trefn yn y cwpwrdd ?

IARLLES : Y papurau a deipiais i ddoe ?

STUELPNAGEL : Ie.

IARLLES : Nac ydyn', syr.

STUELPNAGEL (*reit siarp*) : Ond mi ofynnais yn arbennig i chi wneud hynny.

IARLLES : Mi weithiais arnyn' nhw yn hwyr neithiwr. Mi ddysgais y rhaglen ar gyfer heddiw ac yfory ar fy nghof . . . Wedyn, yn lle eu rhoi nhw yn y cwpwrdd, fe'u rhois nhw ar dân yn y stôf, a'u llosgi.

STUELPNAGEL : Iarlles, 'rych chi'n ysgrifennydd od. Mi ddylwn ffromi a chuchio a gwneud stumiau cadfridog wedi ffyrnigo. Ond mae'n debyg gen' i nad diawledigrwydd sy'n cyfri am a wnaethoch.

IARLLES (*gan chwerthin yn ysgafn eto*) : Nage'n wir, syr.

STUELPNAGEL : Beth yw'r rheswm ?

IARLLES : Y rheswm y dysgais i'r papurau ar 'y nghof?

STUELPNAGEL : Y rheswm am losgi'r papurau.

IARLLES : Am fy mod i braidd yn hoff o'm Cadfridog. Ac yn awyddus i aros yn ei wasanaeth.

STUELPNAGEL : Wel, mae yntau'n eich cyfri chithau gystal â merch iddo. Ond 'wela'i ddim fod hynny'n rheswm dros losgi fy mhapurau i.

IARLLES : Sawl allwedd sydd i'r cwpwrdd yna, syr ?

STUELPNAGEL : Mae gen' i un. Mi rois un i chithau. 'Does dim rhagor.

IARLLES : 'Ych chi'n siŵr ?

STUELPNAGEL : Reit siŵr. Mi gefais i'r clo wedi ei wneud ym Mharis.

IARLLES : Ond y *mae rhagor*.

STUELPNAGEL : 'Dych chi ddim yn dweud !

IARLLES : Mi fûm i'n amau o'r blaen unwaith neu ddwy,—ac yn dechrau anesmwytho. Mi gefais braw pendant o'r peth wythnos yn ôl,—y tu hwnt i bob amheuaeth.

STUELPNAGEL : Frau Iarlles annwyl, 'rych chi'n ysgrifennydd imi, yn bennaeth offis ar ddwsin o glercod, 'rych chi gystal â merch imi, ac yn awr hefyd yn dditectydd ac yn angel gwarcheidiol . . . Ac fe wyddoch gan bwy y mae allwedd ?

IARLLES : Pwy sy'n debyg o chwilio cypyrddau Llywodraethwr Ffrainc, pwy feiddiai ?

STUELPNAGEL : Wrth gwrs, wrth gwrs . . wrth gwrs ! Yr angylion duon !

IARLLES : Yr unig bethau sy ar ôl yn y cwpwrdd heblaw'r ffeiliau arferol yw recordiau Gestapo a'r llythyr at Boineberg.

STUELPNAGEL : Mae'r llythyr i fynd heddiw a'r recordiau ar gyfer yfory. Ar ôl yfory gellwch eu llosgi hwythau . . . Mi fedra'i ddibynnu ar eich cof chi ?

IARLLES : Gen' i'n unig mae'r agoriad.

STUELPNAGEL : 'Ddaeth dim gair eto o Berlin ?

IARLLES : Naddo. Mi gefais neges gan y Cadfridog Albrecht.

STUELPNAGEL : Angel yr allwedd ? Trueni na ellid tynnu ar gadwyn (*mae e'n gwneud yr ystum*) a chael ei wared e.

IARLLES : Fe fydd yn galw'r p'nawn yma.

STUELPNAGEL : O b'le'r oedd e'n siarad ?

IARLLES : O gyfeiriad Versailles. Wedi bod yn gweld y Marsial Rommel.

STUELPNAGEL : Druan o Rommel, druan o Rommel !

IARLLES (*mae hi wedi agor y drws*) :
Dyma'r Cyrnol von Hofacker, syr.

(*Daw* HOFACKER *i mewn a rhoi salŵt*)

STUELPNAGEL : Iarlles, peidiwch â gadael i neb arall ddyfod ata' i am hanner awr. Os daw teleffôn o Berlin rhowch dri chaniad.

(*Exit* IARLLES.)

HOFACKER : Mae hi'n tynnu at chwarter i dri ! Heb un gair eto ! Be' sy'n digwydd yn Berlin ? . . . Duw ! Duw !

STUELPNAGEL : Fe gawn glywed cyn tri. Mae Beck yno, on'd yw e ?

HOFACKER : Er y bore. Gyda Goerdeler. Yn aros y gair i gymryd gafael yn Llywodraeth yr Almaen.

STUELPNAGEL : 'Rŷm ninnau'n barod ym Mharis . . . Mewn hanner awr gallaf roi'r chwyldro ar gerdded.

HOFACKER : Ond cael gair ar y teleffôn.

STUELPNAGEL : Bydd dawel, fachgen, fe ddaw, fe ddaw.

HOFACKER : Canol dydd ym mhencadlys Hitler. Dyna adeg y gynhadledd. Fe ddylasai'r bom ffrwydro cyn hanner awr wedi hanner . . . Mae dros ddwy awr oddi ar hynny.

STUELPNAGEL : Pam wyt ti'n sydyn mor nerfus ? Trwy'r wythnosau o baratoi, ti oedd yn ein cynnal ni oll, Linstow a Finkh a minnau, ie a Rommel ei hunan, Hebot ti fe fuasem ni wedi torri'n c'lonnau ers talwm. Yn awr, nid wythnosau sy ; dim ond munudau.

HOFACKER : Os nad gwir y mae e'n ei haeru, mai Duw sy'n ei gadw ef.

STUELPNAGEL : Pwy'n awr ?

HOFACKER : Hitler.

STUELPNAGEL : Nonsens y diawl ! . . Caisar, 'dwyt ti ddim yn credu'r fath ffwlbri ?

HOFZCKER (*gan chwerthin*) :
'Rwyf i'n rhyw fath o Gristion. Ond 'rwy'n credu fel ti, yr agnostig.

STUELPNAGEL : Sut ?

HOFACKER : Mai nonsens y Diawl yw'r Fuehrer, offeryn y Cythraul i ddwyn dinistr ar yr Almaen ac ar Ewrop. Bargen Ffawst ! Y Cythraul piau fe a'r Cythraul sy'n ei gadw ef.

STUELPNAGEL : Melodrama'r cread ? 'Does ryfedd ei fod e'n meddwi ar fiwsig Wagner. Mozart i mi bob tro, miwsig dynol.

HOFACKER : 'Fedri di ddim dychmygu fod hynny'n wir?

STUELPNAGEL : Siŵr iawn fod rhyfel rhwng da a drwg, rhyfel di-baid. Ond brwydr ddynol yw hi, ymdrech y ddynoliaeth i drechu'r bwystfil ynddi hi ei hunan.

HOFACKER : I mi, y mae'r Drwg yn berson, yn archangel, hynny yw yn athrylith ysbrydol anfeidrol, ail i Dduw ei hunan. Mae'r athrylith yma wedi ymdynghedu, wedi ei herio'i hunan i droi'r holl greadigaeth, y cosmos oll, yn draed moch; i droi bywyd rhesymol, gwareiddiad a hanes dyn ar y ddaear, camp uchaf y Duwdod, i droi hynny'n arbennig yn rhegfeydd o chwerthin uffernol, yn nonsens gwyddonol erchyll, nonsens y Diawl.

STUELPNAGEL : Dyna ystyr Hitler?

HOFACKER : Mae marc Archangel Caos ar y dyn, grym ac ewyllys dinistrio goruwch-naturiol, Arch-elyn dyn a Duw.

STUELPNAGEL : Dyna'r pam y dar'u 'ti gytuno i'w fwrdro ef?

HOFACKER : Nage, Heinrich, nid am hynny, fyth, fyth.. Am ein bod ni, swyddogion y staff, yn gyfrifol am yr Almaen, am fywyd ein gwlad. Rhaid dewis y lleiaf o ddau ddrwg. Am hynny y mae'n rhaid lladd Hitler. Felly'n unig y gellir achub yr Almaen.

STUELPNAGEL : Felly'n unig. Mae hynny'n sicr, os oes dim yn sicr. I mi, 'wyddost ti, 'does dim yn sicr am fywyd dyn ond bod y sêr uwchben a'r ddaear dan ein traed yn ddychrynllyd ddi-hitio be' wnawn ni.

HOFACKER : Byddai'n dda calon gen' i petawn i'n meddwl yr un fath â thi.

STUELPNAGEL : A pham? . . (*gan edrych eto ar ei wats*) . . Ugain munud i dri! . . . Ie, pam?

HOFACKER : Wedyn, a bod y cais yma'n methu, mi allwn roi bwled drwy fy mhen fy hunan.

STUELPNAGEL : Ond wrth gwrs, Caisar, wrth gwrs ! 'Does dim arall yn bosibl, dim ond bwled.

HOFACKER : Y mae i mi.

STUELPNAGEL : 'Rwyt ti'n od, yn rhyfedd o od. 'Does dim synnwyr mewn syrthio i ddwylo'r Gestapo.

HOFACKER : 'Rwy'n credu fod Rhagluniaeth yn bod, a bod ystyr i bethau. Ond 'rwy'n credu fod Rhagluniaeth y Cythraul yn bod hefyd. Sut ond felly mai esbonio fod pob cais i ladd Hitler hyd yma wedi methu ?

STUELPNAGEL : *Absit omen* ! Paid â phroffwydo drwg.

HOFACKER : Meddylia am Rommel.

STUELPNAGEL : Ie, Rommel. Arno fe'n arwain yr oedd yr holl gynllwyn yma'n dibynnu am ei lwyddiant gyda'r fyddin heddiw. A heddiw, mae Rommel mewn ysbyty, wedi ei daro a'i glwyfo ddoe.

HOFACKER : A Kluge yn ei le ef !

STUELPNAGEL : Heddiw o bob dydd ! Rhagluniaeth yn gofalu am y Fuehrer ?

HOFACKER : Rhagluniaeth y Cythraul ! Mae'r peth yn bod, Heinrich !

STUELPNAGEL : 'Faint ŵyr Kluge ? 'Ydy e'n gwybod fod y bom i ffrwydro heddiw.

HOFACKER : Nac yw. Mae e'n gwybod popeth ond y dyddiad.

STUELPNAGEL : 'Does dim tynnu'n ôl. Fedrwn ni ddibynnu arno fe ?

HOFACKER : A bod y bom yn lladd Hitler, gallwn, gallwn ddibynnu arno. Fe addawodd yn bendant dderbyn llywodraeth dan Beck a Goerdeler ar yr amod fod Hitler wedi mynd.

STUELPNAGEL : Cymeriad dyrys yw'r Marsial. Mae e mor ddewr â Rommel ar faes y gad. 'Does dim cadfridog yn fwy cyson yn ymwthio i'r ffrynt lle y mae'r tanio boethaf. Gwron o filwr . . . Ac er hynny, llyfrgi moesol.

Mae arno ofn penderfynu, ofn dewis rhwng da a drwg. " Sowldiwr wyf i, sowldiwr proffesiynol ; peidiwch â gofyn i mi ymhel â gwleidyddiaeth,"—dyna Kluge iti.

HOFACKER : Nid Kluge yn unig. Runstedt hefyd a nifer o'r cadfridogion—

STUELPNAGEL : Paid ag ofni. 'Fydd dim rhaid iddo ddewis heddiw—

(*Mae'r teleffôn yn canu unwaith.*)

HOFACKER : Dyma fe, tybed ? Berlin ?

STUELPNAGEL : Nage, un caniad. (*gan godi'r teleffôn*). Llywodraethwr Ffrainc yma. Pencadlys Normandi ? Blumentritt, chi sydd 'na ? P'nawn da ! Newydd drwg ? Yr Americaniaid wedi cymryd Saint Lô ? . . . Mae'r Marsial wedi mynd yno ? Tanciau i'r adran Panzer ? Mi dd'wedaf wrth Finkh ar unwaith . . . Oes gobaith ad-drefnu'r ffrynt ? Rhwng Avranches a Caen ? . . . . Fe wyddoch nad oes gennym ni ddim hawl i symud catrawd heb ganiatâd y Fuehrer . . . Mi af at Finkh fy hunan yn awr, ac fe gewch bob tanc sy gennym ni ym Mharis . . . Mi alwaf yn ôl cyn pen hanner awr . . . .

(*Rhoi'r teleffôn i lawr. Mae'r ddau yn mynd i graffu ar y map sydd ar y bwrdd a'r Cadfridog yn pwyntio â'i fys.*)

Fan yna. Mae'r Americaniaid wedi'n taflu ni allan o Saint Lô a gwneud tolc go fawr yn y ffrynt.

HOFACKER : 'Dydyn' nhw ddim wedi torri drwodd ?

STUELPNAGEL : Ddim hyd yn hyn. Mae Kluge wedi mynd i fyny ei hunan i drefnu ffrynt newydd fan hyn, rhwng Caen ac Avranches. Mae e'n gofyn i Finkh ddanfon pob tanc sydd ym Mharis i atal yr ymosod.

HOFACKER (*yn angerddol*) :

Heinrich, rhaid i'r ffrynt ddal. Rhaid

iddyn' nhw ddal. Petai ond am dridiau. Os yw Hitler yn farw a Beck yn Arlywydd, gallwn ofyn heno am gadoediad yn Ffrainc. Ond 'fedrwn ni ddim gofyn am dermau heb fod y ffrynt yn dal ac i'w weld yn dal.

STUELPNAGEL : A bod Hitler allan o'r ffordd gellir galw ar y fyddin o Ddeau Ffrainc. Bydd mymryn o siawns wedyn.

HOFACKER : Rhaid gwneud popeth er mwyn i'r ffrynt ddal.

(*Mae'r* IARLLES *yn agor y drws a dweud*)—

IARLLES : Herr Cadfridog, y mae'r Cadfridog Albrecht yma ac yn gofyn am eich gweld chi ar unwaith.

STUELPNAGEL : Iarlles, mi dd'wedais nad oedd neb i ddyfod yma cyn tri ar gloch.

IARLLES : Mi wn, syr. Ond, Albrecht ? 'Dyw e'n cymryd gorchymyn oddi wrth neb ond Herr Himmler. Braint y Gestapo !

STUELPNAGEL : I ddiawl â'r Gestapo !

IARLLES : Ac yn fuan. Brys neges oddi wrth Himmler sy ganddo, medd ef.

STUELPNAGEL : O'r gorau, Iarlles.

IARLLES (*yn galw ond heb godi ei llais*) :

Sentri, y Cadfridog Albrecht.

(*Daw* ALBRECHT *i mewn, sefyll gard, rhoi'r salŵt Nazi. Mae'r Cyrnol* Hofacker *yn sefyll gard a rhoi salŵt y fyddin.*

Exit IARLLES.)

ALBECHT : Heil Hitler !

(STUELPNAGEL *yn foesgar yn ysgwyd llaw ag ef.*)

STUELPNAGEL : Wel, Albrecht, gallaf roi deg munud i chi. Cymerwch gadair. Chithau hefyd, Hofacker.

HOFACKER : Diolch, syr.

ALBRECHT : 'Glywsoch chi am Rommel ?

STUELPNAGEL : Wrth gwrs. Mae e yn yr ysbyty yn Bernay.

ALBRECHT : Nac yw. Mae e wedi symud i Le Vesinet,

gerllaw Versailles.

STUELPNAGEL : Pa bryd ?

ALBRECHT : Bore heddiw. Fe ddaeth ato'i hun yn Bernay a chael mai yn ysbyty'r Llu Awyr yr oedd ef. Fe fynnodd gael ei symud ar unwaith, gan gymaint ei gas ef at Goering.

STUELPNAGEL : Gan y Llu Awyr Seisnig y clwyfwyd ef.

ALBRECHT : Dyna sy'n ei gorddi ef ?

STUELPNAGEL : Nid Rommel yn unig. Mae llu awyr Goering wedi peidio â bod.

ALBRECHT : Nid Goering yn unig sy'n gas ganddo. Deryn go od yw'r Marsial Rommel. Mae ganddo ffrindiau sy dipyn yn amheus, dynion fel Beck a Witzleben a Goerdeler,—onid e, Hofacker ?

HOFACKER : Mae'r Gestapo yn ddi-ffael, syr. Do, mi gefais i'r fraint o fod yn un o ffrindiau'r Marsial Rommel.

ALBRECHT (*gan chwerthin yn rhwydd a chyfeillgar*) :
Popeth yn dda, fachgen ; peidiwch â bod mor groen-denau.

STUELPNAGEL : 'Does gen' i fawr o amser, Albrecht. Fe ddaethoch yma ar fusnes ?

ALBRECHT (*yn newid yn syth a throi'n galed*) :
Do. Neges a gorchymyn ar frys oddi wrth Herr Himmler yn bersonol.

STUELPNAGEL (*gydag awgrym o gynnwrf a chan edrych ar ei wats*) :
Neges bersonol ar frys ? Amhosib' ! Mae Himmler yng Ngwâl y Blaidd yn Nwyrain Prwsia, yng nghynhadledd wythnosol y Fuehrer.

ALBRECHT : Debyg iawn. O Berlin, cyn iddo gychwyn y bore 'ma, y galwodd ef fi at y teleffôn.

STUELPNAGEL : D'wedwch chi hynny ! Nid neges brys felly.

ALBRECHT : Mi ddois y cyfle rhydd cyntaf.

STUELPNAGEL : Beth yw'r neges ?

ALBRECHT : Fe wyddoch y newyddion diweddara' ?

STUELPNAGEL : Mae'r gelyn yn Saint Lô a'n ffrynt ni ar dorri.

ALBRECHT : Mae'r noson dduaf yn union cyn y wawr.

STUELPNAGEL : Gallwn gytuno fod y nos yn ddu.

ALBRECHT : 'Dych chi ddim yn amau y daw gwawr ? 'Dych chi ddim yn amau'r Fuehrer ?

HOFACKER : 'Does gennych chi ddim amheuon, Herr Cadfridog ?

ALBRECHT : Dim oll. Pan oedd hi dduaf ar Ffredrig Fawr, Ewrop i gyd yn cau arno, dyna'r funud y craciodd eu Cynghrair nhw, y taflwyd nhw allan o Brwsia, a chreu undod tragwyddol yr Almaen. Fel yna y bydd hi yn awr. Mae Hitler yn fwy na Ffredrig Fawr. Fe gracia eu cynghrair nhw ; bydd y Rwsiaid a'r Americaniaid benben ; fe deflir yr Ianc a'r Sais i'r môr : fe welwn y Kremlin a Mosco yn sarn.

STUELPNAGEL (*yn goegaidd*) : Heil Hitler !

ALBRECHT (*yn chwyrn*) : Sgeptig ac amheuwr fuoch chi erioed, Herr Cadfridog. Nid adeg i amheuaeth yw hi heddiw. Adeg i ffydd y ffanatig.

HOFACKER : Ffydd yn unig all daflu'r Americaniaid i'r môr bellach.

ALBRECHT : O, nid amheuwr ydych chi, von Hofacker.

HOFACKER : Beth sydd yn y *dossier* ?

ALBRECHT : Amser a ddengys. Amser a ddengys. Hwyrach nad yw'r amser ymhell.

STUELPNAGEL : Oes a wnelo hyn â neges Himmler ?

ALBRECHT : Oes, syr. Mae hi'n funud o argyfwng. Mae ffrynt y Dwyrain yn gwegian a'r Rwsiaid yn cau arnom. Mae'r Americaniaid a'r Saeson yn stormio yn Normandi. Er mwyn trechu perigl, rhaid casglu byddinoedd newydd o filwyr allan o ffatrïoedd yr Almaen ar unwaith. 'Ellir mo hynny chwaith heb gael gweithwyr eraill ar unwaith i'r ffatrïoedd arfau. 'Ydych chi'n fy nilyn i ?

STUELPNAGEL : Ac felly ?

ALBRECHT : Gyda chennad arbennig y Fuehrer y mae Herr Himmler yn gorchymyn yn awr fod consgriptio pob Ffancwr dan bedair ar hugain oed i weithio yn ffatrïoedd yr Almaen. Rhaid dechrau ym Mharis yr wythnos hon. Rhaid gwneud popeth er mwyn i'r ffrynt ddal.

STUELPNAGEL : Mae hi'n ddydd Iau heddiw.

ALBRECHT : Yr wythnos hon. Dyna'r gorchymyn. Gorchymyn !

STUELPNAGEL : Rhaid ystyried. Lwcus fod Hofacker yma. Fe yw arbenigwr y staff ar faterion Ffrainc. A ga' i'ch sylwadau chi ar y bwriad, Cyrnol ?

HOFACKER : Rhaid imi siarad yn blaen, syr.

STUELPNAGEL : Dyna'ch dyletswydd chi.

HOFACKER : Mae dau anhawster. Yn gyntaf, mae'r bwriad yn gwbl groes i gytundeb cydwladol Genefa a rheolau rhyfel—

ALBRECHT : Pfui ! Mae hyn yn annioddefol. Mae'r Reich mewn perigl. 'Ydych chi'n deall hynny ? Mae'r Reich mewn perigl, a dyma'r cachgi hwn yn sôn am gytundeb Genefa.

STUELPNAGEL (*gydag awdurdod*) :
Albrecht ! . . . Fi orchmynnodd i Hofacker ddweud ei farn. Yr wyf i am glywed ei farn.

HOFACKER : 'Rwy'n cytuno fod y Reich mewn perigl, gwaeth perigl nag a dybia'r Cadfridog Albrecht : gallwn golli'r rhyfel—

ALBRECHT : Fyth, os nad drwy frad swyddogion y staff !

HOFACKER : Ein dyletswydd ni ar y staff yw wynebu ffeithiau a rhoi'r cyngor gorau a fedrwn. Nid dyma'r adeg i'r fyddin sathru cytundeb

Genefa dan draed. 'Does arnom ni ddim eisiau rhoi esgus i'n gelynion ni, os enillan' nhw'r rhyfel, roi prif swyddogion byddin y Reich ar eu praw a'u crogi nhw. Rhaid cadw dwylo'r fyddin yn Ffrainc yn lân.

ALBRECHT : Mae'r Almaen mewn perigl. Mae Reich y Fuehrer, creadigaeth boliticaidd fwyaf holl hanes Ewrop, mewn perigl, ie, mae bywyd y Fuehrer ei hunan mewn perigl,—ac y mae'r fraulein yma, Miss von Hofacker, y fenyw fach gysetlyd, am gadw ei dwylo'n lân.

HOFACKER : Byth er oes Ffredrig Fawr traddodiad swyddogion y fyddin, *Corps* y Swyddogion, yw calon a chydwybod yr Almaen. Mae'n rhan o wareiddiad Ewrop. Mae e wedi goroesi pob rhyfel a phob chwyldro. Rhaid iddo oroesi'r rhyfel hwn a'r chwyldro hwn. Hebddo 'does dim siawns ail-sefydlu traddodiad hanesyddol y Reich. Dyna pam y mae gorchymyn Herr Himmler yn amhosibl i swyddogion y fyddin. Y mae parchu rheolau gwareiddiad, hyd yn oed yn y perigl eithaf, hyd yn oed yn argyfwng heddiw, yn hanfodol i barhad y *corps*, yn hanfodol i atgyfodiad yr Almaen ac Ewrop.

ALBRECHT : 'Ydych chi'n awgrymu fod dydd y Fuehrer ar ben ? Mi dd'weda' i hyn wrthych chi : y mae tynged yr Almaen a thynged Ewrop wedi eu clymu wrth berson Hitler. Os cwymp Hitler, fe gaiff yr Almaen oll ac Ewrop oll gwympo gydag ef, darfod mewn storm o dân, heb obaith atgyfodiad fyth.

HOFACKER : Dyna fe. Her a bygythiad y gangster. Mae hynny'n burion i'r Gestapo. Ond nid clwb Gangster yw *Corps* Swyddogion y fyddin.

ALBRECHT : Y dydd y syrthiwch chi i afael y Gestapo, fe gewch chi gofio'r gair yna.

STUELPNAGEL : Albrecht, rhaid imi ddiolch i chi am eich rhybudd i'm staff i.

ALBRECHT : 'Dwyf i ddim dan eich awdurdod chi, Herr Llywodraethwr !

STUELPNAGEL : Mae hynny'n amlwg. Byddin breifat yw'r S.S. a'r Gestapo.

ALBRECHT : Ie, byddin y Fuehrer. Yr unig fyddin nad oes rhaid ofni iddi fradychu Hitler. Y fyddin sy'n bod er mwyn dial ar frad.

STUELPNAGEL : Perigl yr Almaen sy bennaf heddiw. Ein tasg ni yw rhwystro brad yr Almaen.

ALBRECHT : Fe dyngodd swyddogion y fyddin, bob un ohonoch yn unigol, lw o ffyddlondeb i berson y Fuehrer.

STUELPNAGEL : Fe dyngodd Hitler ei hunan lw o ffyddlondeb i gyfansoddiad yr Almaen.

ALBRECHT : Ewyllys Hitler *yw* cyfansoddiad yr Almaen.

STUELPNAGEL : Diddymu llw Hitler yw hynny. Mae'n diddymu llw'r fyddin yr un pryd.

ALBRECHT : Y mae Hitler a'r Almaen yn un.

STUELPNAGEL : Yn un tra parcher anrhydedd a thraddodiad y Reich.

ALBRECHT : Anrhydedd ! Eich trwbl chi, *corps* swyddogion y fyddin, yw mai rhamantwyr ydych chi, dynion yn byw yng ngorffennol eich breuddwydion. 'Rydych chi'n sôn am reolau rhyfel ac am anrhydedd, megis petai rhyfel modern yn dwrnameint i farchogion y Ford Gron. Mae'r Saeson yn dwyn gangsters Chicago i ddysgu method i'w hadrannau Commando. 'Wyddoch chi ddim ei bod hi heddiw'n ugeinfed ganrif ac nad *oes* dim rheolau rhyfel ? 'Does dim ond y trecha' treisied a'r gwanna' gwichied. Rhamant a rhagrith yw pob moesoldeb arall. Haearn a gwaed, chwedl Bismarck, haearn a gwaed yw gwleidyddiaeth.

STUELPNAGEL : Eich ail reswm chi dros wrthwynebu'r

gorchymyn, Hofacker ?

HOFACKER : Un ymarferol, syr. Eisoes y mae byddin gudd y Ffrancwyr yn broblem i'n llinellau cefn ni, yn ymosod ar ein priffyrdd, yn arafu ac atal cymorth prydlon i'r ffrynt. 'Does dim ond ffyddlondeb Ffrainc i Pétain yn cadw'r fyddin gudd rhag mynd yn gryn berigl. Os cyhoeddir yfory fod consgriptio Ffrancwyr i ffatrïoedd yr Almaen, fe fydd deugain mil o fechgyn yn mynd ar eu pennau i'r fyddin gudd. Bydd gennym ryfel ar ddau ffrynt ar unwaith yn Ffrainc.

STUELPNAGEL : Rhamant yw hynny, Albrecht ?

ALBRECHT : Ffwlbri. Gallwn daflu cordon o gwmpas pob rhanbarth o Baris yn ei dro, a chipio'r gwŷr.

HOFACKER : Yn union fel y buoch chi'n cipio'r merched?

STUELPNAGEL : Chi sy'n rhamantu bellach. Mae'r ffrynt yn Normandi *ar* dorri. Rhaid imi fynd at Finkh mewn dau funud i grafu cymorth, crafu gwaelod y ddysgl, yn danciau a gynnau yma ac acw. Byddai brwydro ar y boulevards yr un pryd yn ddinistr sydyn.

ALBRECHT : Ai dyna'ch ateb chi i Herr Himmler, gwrthod gorchymyn ?

STUELPNAGEL : Y mae gorchymyn Himmler yn golygu newid polisi. Fe wyddoch chi ac fe ŵyr Herr Himmler nad oes gen' i ddim hawl i newid polisi ond yn unig ar orchymyn fy mhennaeth, Marsial y Gorllewin, y Marsial Kluge.

ALBRECHT : Rhaid imi roi f'adroddiad i Herr Himmler yn union wedi iddo ddychwelyd i Berlin o gynhadledd y Fuehrer.

STUELPNAGEL : Os felly, 'does dim cymaint â hynny o frys. Mae gennych, 'rwy'n gobeithio, wmbredd o amser.

ALBRECHT : Nid un sy'n gorfod aros yn hir am ateb i'w

orchmynion yw Herr Himmler.

STUELPNAGEL : 'Dwyf i ddim dan awdurdod Herr Himmler. Sowldiwr dan awdurdod y Marsial wyf i. Mi fydda' i'n siarad gyda'r Marsial cyn pen chwarter awr.

ALBRECHT : Mae'r dydd yn agos y bydd y fyddin i gyd, *corps* y swyddogion hefyd, dan awdurdod Himmler.

STUELPNAGEL : Y dydd hwnnw bydd traddodiad *Corps* y Swyddogion ar ben.

ALBRECHT : Y dydd hwnnw bydd brad ar ben.

STUELPNAGEL : 'Rydych chi'n broffwyd, Herr Cadfridog, proffwyd machlud yr Almaen.

ALBRECHT : Byddaf yma cyn pen hanner awr i wybod ateb y Marsial Kluge.

STUELPNAGEL : Mi drefnaf yn ofalus i'ch croesawu.

ALBRECHT (*gan sefyll gard*) :
Heil Hitler !
(*Salŵt ac exit.*)

HOFACKER : Mae'r bwystfil am dy waed di, Heinrich.

STUELPNAGEL (*dan ganu'r gloch ar y bwrdd*) :
Bore 'fory, os aiff popeth yn iawn, fe fydd Karl Albrecht yn sefyll gerbron cwrt-marsial. Os na fydd e, mi fydda' i.
(*Daw'r* IARLLES *i mewn.*)
Dim neges teleffôn o Berlin ?

IARLLES : Ddim hyd yn hyn, syr.

STUELPNAGEL : Rhaid imi fynd at y Cyrnol Finkh i drefnu help ar unwaith i'r ffrynt. Os daw neges o Berlin, peidiwch â galw ar neb ond y Cyrnol Hofacker neu'r Cyrnol Linstow. Neb arall o gwbl.

IARLLES : Ac os daw neges o bencadlys y Fuehrer ym Mhrwsia ?

STEULPNAGEL (*dan wenu*) :
Os daw, llyncwch wenwyn . . Peidiwch â gofidio . . . 'Ddaw dim.
(*Exit* STUELPNAGEL.)

IARLLES : Be' mae e'n ei feddwl, Caisar ?

HOFACKER : Smalio 'roedd e.

IARLLES : 'Oes gennyt tithau wenwyn ?

HOFACKER : Fe wyddost fod y ffordd honno wedi ei chau i mi. Ac i tithau.

IARLLES : 'Rwy'n gweld. Os daw neges o bencadlys y Fuehrer, dyna braw fod y bom wedi methu.

HOFACKER : Fe drefnwyd cynhadledd y staff am ganol dydd. 'Roedd Goering a Himmler i fod yno gyda Hitler. Os lleddir Hitler mae'n nhw wedi trefnu fod torri pob gwifren deleffôn a thelegraff o Ddwyrain Prwsia i weddill yr Almaen. Wedyn bydd Beck yn Berlin yn cymryd y llywodraeth i'w ddwylo heb neb i'w rwystro. Yna cawn glywed ganddo. O leia', dyna'r bwriad.

IARLLES : Ac wedyn ?

HOFACKER : Mae'n dibynnu ar Beck. Mae dwy garfan yn y plot. Ni yma yn Ffrainc, o gwmpas Rommel ; 'rydym ni'n dadlau dros apelio ar unwaith at yr Americaniaid am gadoediad. Mae'r lleill, a Stauffenberg sy'n gosod y bom yn eu harwain nhw, yn dal mai at Stalin y dylid troi. Yr undeb Sofietaidd, nid America, piau'r dyfodol, meddan' nhw.

IARLLES : Nid pwy piau'r dyfodol sy'n bwysig, ond pwy piau'r gorffennol. Mae cofio a charu'n ddwy chwaer.

HOFACKER : Dyna iaith y teulu, *Corps* y Swyddogion. Fe dd'wedodd Albrecht bum munud yn ôl mai marchogion y Ford Gron ydym ni, yn canlyn Arthur i nos y gorffennol yn lle edrych gyda'r Nazïaid a'r Comiwnyddion at wawr y byd gwyddonol.

IARLLES : Merch ydw' i, ac i mi byd dynol, nid byd gwyddonol, yw angen heddiw. Efallai mai dyma'n siawns olaf ni i geisio adfer safonau dynol yn Ewrop.

HOFACKER : Y siawns olaf, mae'n siŵr, os siawns hefyd. Dyma hi'n dri ar gloch, a 'ddaeth dim gair.

IARLLES : 'Rwy'n cofio Stauffenberg. Mae e'n ddigon pwyllog. 'Does dim rhaid ofni.

HOFACKER : Busnes Stauffenberg sy gyntaf ar agenda'r gynhadledd. Bydd ei gadair ef nesaf at Hitler. Mae'r bom ganddo yn y cas papurau. Mae e'n rhoi'r cas ar y llawr wrth droed cadair Hitler. Mae'r ffiws wedi dechrau gweithio. Mae yntau'n cael neges teleffôn a mynd allan am foment. Mae'r bom yn ffrwydro.

IARLLES : 'Does dim modd iddo fethu.

HOFACKER : Dyna 'rwyf innau'n ei ddweud wrth y Cadfridog a Finkh a Linstow . . . Mae'n nhw'n dibynnu gymaint arna' i.

IARLLES : 'Rwyf innau'n dibynnu arnat ti, Caisar !

HOFACKER : Else, fe ddaru 'ni addo dweud y gwir wrth ein gilydd, doẹd a ddelo. Y gwir yw y gall ef fethu. Meddylia : bydd rhyw swyddog arall yn symud i'r gadair wag ; mae e'n cicio'r cas papurau o'r ffordd. Bydd y bom yn ffrwydro heb daro Hitler ! Ar y gorau, un siawns mewn deg sy ganddo i lwyddo.

IARLLES : Os felly, pam y daru 'ti gytuno ?

HOFACKER : 'Doedd gen' i ddim dewis. Dyma'r siawns olaf i achub yr Almaen rhag mynd i ddistryw gyda Hitler. 'Roedd yn rhaid mentro. Ein *gwlad* ni yw hi. 'Roedd yn rhaid mentro er nad oes odid ddim gobaith.

IARLLES : Oes, y mae gobaith, 'Rwyt ti dy hun yn glynu wrth ryw frwynen o obaith.

HOFACKER : Ydw, mae'n debyg. Ond 'dyw hynny ddim yn cyfrif am fy newis i. Rhaid ymdrechu hyd at y funud olaf megis petai gobaith yn rhesymol. A 'dyw e ddim.

IARLLES : A'r funud olaf, 'beth fydd honno ?

HOFACKER : Crogi araf ym mhencadlys y Gestapo yn Berlin, wedi hir artaith.

IARLLES : Pam 'rwyt ti n dweud hyn yn awr,—ai er mwyn fy lladd i ?

HOFACKER : Er mwyn iti fod yn barod, Else.

IARLLES : 'Rwyf i yn barod, 'rwyf i yn barod. 'Rwy' wedi cau fy llygad a gweld y cortyn yn cau am dy wddw di. 'Rwy wedi mygu pob cri, pob igian dagrau. 'Rwyf wedi gwenu'n foesgar ar y crocodîl Albrecht a'r llun yna ohonot ti yn fy llygaid. 'Oes rhywbeth rhagor y mynnit ti ei gael gen' i, y teigr gen' ti ?

HOFACKER : Oes, Else. Rhaid iti fwrw'r anwyldeb fu rhyngom ni i ebargofiant. Rhaid iti fygu dy gariad a'i ladd. Rhaid iti beidio â meddwl amdana' i.

IARLLES (*yn dawel a chwyrn*) :

Nid *amdanat* ti yr ydw' i'n meddwl, y ffŵl twp. Ti *yw* fy meddwl i.

HOFACKER : 'Rwyt ti'n ddychryn imi, Else. Os digwydd y gwaetha', 'rwyt ti'n siŵr o'th fradychu dy hun i'r Gestapo.

IARLLES : Y Gestapo ? (*Mae hi'n estyn ei dwylo ato*). Pan fydd eu gefeiliau nhw yn tynnu'r ewin allan o bob bys yn fy nwylo i, er mwyn cael gen' i fradychu dy gyfrinachau di, bydd y poenydio'n ysgafnhad calon imi. Bydd yn help imi i anghofio fy mhoen.

HOFACKER : Else, 'rwy'n gorchymyn iti'n awr, yn gorchymyn, wyt ti'n deall,—os digwydd y gwaetha' a bod y Gestapo yn fy nal i, pan weli di'r restio—

IARLLES : Caisar, 'rwy'n gwrthod credu y gall hynny ddigwydd. Dynion sobor, dynion sy bob un wedi holi ei gydwybod yn hallt, sydd yn y plot yma heddiw. Mae'n nhw'n lladd

Hitler er mwyn rhwystro dinistr yr Almaen ac Ewrop i gyd, am nad oes dim ffordd arall. 'Chreda' i ddim y cân' nhw fethu. 'Does dim rhaid ystyried y peth.

HOFACKER : Mae'n rhaid i *mi*. Mae gen' i ryw fath o hunllef fod angylion y Fall yn gwylio dros Hitler, ac na chaiff neb ei ladd ef ond ei law ef ei hunan yn y diwedd . . Dyna'r pam y mae'n rhaid iti addo yn awr—

IARLLES : Sut y gallai' i addo ? Cariad chwerw fu'n cariad ni o'r cychwyn cynta'. Paid â gwneud ei ddiwedd e'n annioddefol.

HOFACKER : Else, os nad er dy fwyn dy hun, yna er fy mwyn i—

IARLLES : Er dy fwyn di ? Mae d'apêl di'n mynd yn wannach wannach !

HOFACKER : Hawdd i ti smalio. Mi wn i beth sy'n mynd ymlaen yn seleri'r Gestapo.

IARLLES (*gan chwerthin yn ysgafn*) :

Caisar bach, paid â bod yn gymaint o ddylluan ! Nid seleri'r Gestapo na'u gwersyllgarcharau nhw yw'r gwaethaf y gellir ei ddychmygu. Mi awn i drwy'r rheini hyd yn oed er dy fwyn di. Mi alla' i feddwl am lawer gwaeth uffern,—gwely Albrecht, er enghraifft !—

(*Mae yntau hefyd yn gorfod chwerthin ; yna mae'r drws yn agor a'r Cyrnol Linstow yn sefyll yno yn ei ddyblau'n chwerthin.*)

IARLLES : Linstow !

HOFACKER : Linstow ! Be' sy ? Be' sy ?

LINSTOW (*yn dyfod i mewn atynt dan chwerthin*) :

Ond y Ffrancwr yna, y Ffrancwr yna !

HOFACKER : Pa Ffrancwr ?

LINSTOW : Ffrancwr, a stamp y farchnad ddu ar bob modfedd ohono, yn fy mhasio i ar ben y grisiau a chodi ei fraich gyda *Heil Hitler*, yn union fel Albrecht ei hunan.

IARLLES : Ond y maen' nhw i gyd yn gwneud hynny, Cyrnol Linstow.

LINSTOW : Ie, ond yn awr ! Yn awr ! Heil Hitler ! Myn yffach !

(*A chwerthin mawr eto, Y ddau arall yn edrych yn hurt.*)

Be' sy arnoch chi'ch dau ?

IARLLES : Methu deall—

LINSTOW : Methu deall ? 'Dych chi ddim wedi clywed ?

HOFACKE2 : Clywed beth ?

IARLLES : Mae rhyw newydd ?

LINSTOW : Mae Hitler wedi mynd, wedi gorffen, Hitler a Goering a Himmler. Y tri.

HOFACKER : Y bom ? Stauffenberg ?

IARLLES : Gan bwy y clywsoch chi, Cyrnol ?

LINSTOW : Gan Stauffenberg ei hunan, o Berlin.

HOFACKER : Mae Stauffenberg yn fyw ?

IARLLES : Ac wedi cyflawni'r cwbwl ?

HOFACKER : Fe ei hunan 'dd'wedodd ? Fe glywsoch ganddo—

LINSTOW : Stauffenberg ei hunan. Newydd gyrraedd yn ôl i Berlin. Fe ddaeth yn syth at y teleffôn ar ôl rhoi'r hanes i Beck.

IARLLES : Y nefoedd fawr ! Beth yw'r hanes ? Fe lwyddodd y bom ?

LINSTOW : Fe lwyddodd y bom.

HOFACKER : 'Welodd e Hitler wedi ei ladd ?

LINSTOW : Fe welodd ffrwydro'r bom. 'Roedd hynny'n llawn digon. Fflach a ffrwydrad enbyd. Nid yn yr ogo tan ddaear yr oedd y gynhadledd, ond mewn caban coed yn perthyn i'r staff uwchben.

IARLLES : D'wedwch yr hanes.

LINSTOW : Fe aeth Stauffenberg i mewn. Galwyd arno ar unwaith i eistedd wrth ymyl Hitler i egluro'r mapiau iddo. Rhoddodd y cas papurau gyda'r bom wrth droed y gadair. Ymhen pum munud galwyd arno at y teleffôn y tu allan. Fe chwythodd y caban i fyny o flaen ei lygaid ef yno. Arhosodd e ddim eiliad, ond yn syth at ei awyrblan ac yn ôl i Berlin i gychwyn y chwyldro. 'Doedd dim modd fod neb yn y caban yn fyw.

IARLLES : Felly 'welodd e mo Hitler yn farw ?

LINSTOW : Iarlles annwyl ! Ar ôl ffrwydrad y bom ? Fe gymer dridiau i hel y briwsion.

HOFACKER : 'Rydych chi'n adnabod llais Stauffenberg ?

LINSTOW : Claus ? Claus Stauffenberg ? Fe ei hunan oedd e. 'Fedr neb ffugio llais Claus. Mae'r newydd yn gwbl ddiogel. Mae Hitler a Goering a Himmler wedi darfod â'r Almaen.

HOFACKER : Y funud yma, mae arna' i ofn credu. Mae hi bron yn amhosibl sylweddoli'r peth.

LINSTOW : Mae chwyldro yr un fath â phriodas ; un weithred sydyn ac wedyn oes o sylweddoli.

IARLLES : Dyna daro'r hoelen ar ei phen, Cyrnol. Trwy weithredu y daw sylweddoli.

LINSTOW : I'r dim, Iarlles. Llais merch ond geiriau sowldiwr.

HOFACKER : Na, Linstow. Byddai gweithredu cyn cael sicrwydd yn ddinistr. Rhaid i'r Cadfridog aros am Beck. Rhaid cael sicrwydd fod Hitler yn farw.

LINSTOW : Hofacker annwyl, llais sowldiwr ond geiriau merch ! Mae Hitler a Goering a Himmler wedi mynd.

(*Y drws yn agor a daw* STUELPNAGEL *atynt a'i lygaid yn disgleirio a'i osgo yn dweud y newydd. Mae'r ddau gyrnol yn sefyll gard am eiliad i ddangos parch a'r* IARLLES *yn mynd ato.*)

IARLLES : Herr Cadfridog, fe glywsoch ?

STUELPNAGEL : Do, Iarlles, mi glywais.

(*Y mae ef yn cymryd ei llaw hi a rhoi ei wefusau arni yn wresog, yna'n mynd at y ddau gyrnol a rhoi llaw i bob un.*)

Fechgyn, fechgyn . . . O'r diwedd . . Mae'r awr wedi taro . . . Mae'r Bwystfil wedi mynd . . Mae'r Almaen yn rhydd.

HOFACKER : 'Ydy'r peth yn ffaith, syr ?

STUELPNAGEL : Ffaith, Caisar, ffaith. Mae rhagluniaeth y Cythraul wedi methu'r tro hwn.

LINSTOW : Sut y clywsoch chi, syr ?

STUELPNAGEL : Beck. Beck ei hunan ar y teleffôn o Berlin. Fe'm daliodd i yn swyddfa Finkh.

HOFACKER : 'Roedd e'n gwybod yn swyddogol fod Hitler wedi ei ladd ?

(*Y mae* LINSTOW *yn torri allam mewn chwerthin mawr*)

LINSTOW : Maddeuwch i mi, syr. Mae Hofacker fel dyn yn deffro o hunllef a methu credu fod yr *incubus* wedi mynd.

STUELPNAGEL : Mae Beck yn symud eisoes. Mae e a Witzleben wedi cymryd meddiant o'r Swyddfa Ryfel ac wedi galw garsiwn Berlin i mewn i'r ddinas.

IARLLES : Y *mae* gobaith. Y *mae* gobaith. Gobaith i'r Almaen, i Ewrop, ac i ni. O'r diwedd ! Gobaith !

STUELPNAGEL : Yr esgus dros alw'r garsiwn i mewn i'r ddinas yw bod y Gestapo wedi codi mewn gwrthryfel yn erbyn y Llywodraeth. Y cam cyntaf yw restio holl swyddogion y Gestapo. 'Dyw'r newydd am Hitler ddim yn hysbys y tu allan. Ond cafodd Beck eisoes drwy 'r teleffôn addewid fod y fyddin gydag ef yn Holand ac yn y De-ddwyrain.

LINSTOW : Mae'r chwyldroad ar gerdded !

HOFACKER : A'r Marsial Kluge ?

STUELPNAGEL : Fe geisiodd Beck ei gael ef. Ond 'doedd e ddim yn La Roche-Guyon.

LINSTOW : Wedi mynd i'r ffrynt. Mae cydwybod y dyn yna yn niwsans. Fe allech feddwl ei fod e'n sowldiwr !

STUELPNAGEL : 'Roedd Blumentritt yno ac fe dd'wedodd wrth Beck am alw drachefn. Wedyn fe drefnwyd i ni'n tri fynd yno heno a rhoi cynlluniau'r llywodraeth newydd ger ei fron e.

HOFACKER : Mae Beck yn para'n sicr fod Kluge gyda ni o hyd ?

STUELPNAGEL : 'Does arno ddim ofn am hynny. 'Dyw'r newydd am y bom ddim i'w gyhoeddi nes bod pob ffrynt rhyfel yn barod. Bydd hynny cyn canol nos heno.

LINSTOW : Os na bydd Kluge ar goll. Kluge yw'r colyn y mae drws gobaith yn troi arno.

STUELPNAGEL : Yn awr, at waith, foneddigon. Yfory, Hofacker, chi fydd llysgennad Llywodraeth yr Almaen i Lywodraeth Ffrainc. Heno mi alwaf arnoch i egluro i'r Marsial Kluge gynlluniau cad-oediad y Marsial Beck . . .

HOFACKER : Popeth yn dda, syr. mae Kluge eisoes yn gwybod y bwriad.

(*Cymer* STUELPNAGEL *lythyr o'r cwpwrdd.*)

STUELPNAGEL : Iarlles, mae'r Cadfridog Boineburg wedi gosod bataliwn o fyddin garsiwn Paris yn y Bois de Boulogne, dan y coed. Ar unwaith wedi machlud haul fe symudan' drosodd i'r Boulevard Lannes, restio holl staff y Gestapo a'u cludo i'r carchar sy'n barod iddynt yn Fresnes. Bydd y cwbl yn sydyn a thawel. Os bydd gwrthwynebiad, fe saethir. 'Chreda' i ddim y bydd. A wnewch chi roi'r llythyr hwn eich hunan yn llaw'r Cadfridog Boineburg yn ei swyddfa, er mwyn iddo wybod fod yn iawn symud ?

HOFACKER : Syr ?

STUELPNAGEL : Ie, Hofacker ?

HOFACKER : Mae restio a charcharu'r Gestapo yn gychwyn *putsch*, yn act o chwyldro.

STUELPNAGEL : Chwyldro sy'n digwydd.

HOFACKER : Mae'n fwriad gan Beck gadw'r Marsial Kluge yn ei swydd. Kluge fydd yn gyfrifol am y chwyldro yn Ffrainc.

STUELPNAGEL : Gwir ei wala.

HOFACKER : Tybed nad doethach gohirio ? Fe welwch Kluge cyn y nos. Gellwch anfon y gorchymyn i restio'r Gestapo o'r Roche-Guyon ar ôl cael ei gennad ef.

STUELPNAGEL (*yn mesur y pwynt*) :
Mi roddais i 'ngair i Beck. Mi addewais, pe lleddid Hitler, y symudwn i ar unwaith yn erbyn y Nazïaid.

LINSTOW : Gyda Rommel a Kluge ? Y ffaith drist yw mai Kluge yn unig bellach fedr wrantu llwyddiant yn Ffrainc.

STUELPNAGEL : Mae Rommel allan ohoni. Rhaid gwneud yn siŵr o Kluge. 'Does dim modd ei gael ef drwy'r teleffôn. Gan hynny, gweithredwn.

HOFACKER : Kluge glyfar, ofalus.

STUELPNAGEL : O gloi yn y carchar holl Gestapo Ffrainc fe fydd llwyddiant y *putsch* yn ddiogel. Bydd pob gwrthwynebiad ar ben. Wedyn, 'fydd dim rhaid ofni am Kluge.

HOFACKER : Gwthio'r cwch i'r dwfn a'r capten ar y bwrdd,—heb ofyn iddo.

LINSTOW : 'Rych chi'n mentro'ch bywyd, syr.

STUELPNAGEL : Mi roddais i 'ngair i Beck. Mi gadwaf fy ngair. Rhaid i Kluge gadw ei air. Mi fentra' fy mywyd ar hynny.

IARLLES : 'Ydych chi'n cofio, syr, fod y Cadfridog Albrecht yn dychwelyd unrhyw foment yma ?

STUELPNAGEL : Ydw, 'rwy'n cofio. 'Rwy' wedi trefnu ar ei gyfer. Mae'r restio a'r chwyldro i gychwyn yn y fan hon yn awr . . . Linstow, ben bore yfory, fe benodwch gwrt-marsial i roi prif swyddogion y Gestapo ar eu praw. Yfory bydd *Corps* y Swyddogion yn ail-ennill ei le ym mywyd yr Almaen.

LINSTOW : 'Ydy'r manylion yn barod, syr ?

STUELPNAGEL (*a'i law ar y cwpwrdd*) :
Mae'r cwbl yma. Pob swyddog euog o greulondeb ffiaidd, pob un euog o arteithio neu boenydio carcharor, Iddew neu Ffrancwr, fe'i condemniwch i'w saethu ar unwaith. Rhaid carthu ymaith ddrewdod y Gestapo. Dyna fy nhestament i i'r *Corps* Swyddogion.

LINSTOW : Albrecht ?

STUELPNAGEL : Albrecht gyntaf . . . .

LINSTOW : Fe fydd *boulevards* Paris yn iachach a glanach yfory.

(*Daw* ALBRECHT *i mewn a rhoi ei salŵt. Dilynir ef gan ddau sentri arfog, un o bob tu iddo ond y tu cefn iddo.*)

ALBRECHT : Heil Hitler ! . . . Wel, Herr Llywodraethwr, 'gawsoch chi ateb y Marsial Kluge i orchymyn Herr Himmler ?

STUELPNAGEL : Naddo, Albrecht, ddim eto. Ond mi gefais newydd pwysig o Berlin. 'Gawsoch chi ?

ALBRECHT : Pa newydd ?

STUELPNAGEL : Fod y Gestapo wedi codi yn erbyn y Llywodraeth. Oherwydd hynny fe orchmynnir i minnau roi holl swyddogion y Gestapo dan rest. 'Rydw' i'n dechrau gyda chi !

ALBRECHT : Be' gythraul ? Nid dyma'r adeg i driciau digri. 'Be' sy arnoch chi ? Beth yw'r chwarae—

STUELPNAGEL : Albrecht ! Ufudd-dod ! ufudd-dod ar unwaith. Neu saethu !

ALBRECHT : Beth yw'r chwarae hwn ?

STUELPNAGEL : Nid chwarae. Rhowch eich refolfer ar y bwrdd.

ALBRECHT (*wedi edrych o'i gwmpas*) :

Nid chwarae ! . . O'r gorau ! . . Am y tro.

(*Mae e'n taflu ei refolfer ar y bwrdd.*)

. . . Fe fydd yn edifar gennych chi am hyn eto ! . . .'Rwy'n hawlio cael siarad ar y teleffôn gyda Herr Himmler.

STUELPNAGEa : Cewch, fe gewch siarad gyda Himmler y bore fory ar ôl eich cwrt-marsial. I'r carchar yn awr . . Y Cwmni :- Gard !

(*Mae'r ddau filwr yn sefyll gard ar bob ochr i* ALBRECHT.)

LLEN

ACT II.

Wyth ar gloch yr un diwrnod. Mae'r haul yn isel tua'r machlud. Mae'r olygfa yn dangos stafell mewn chateau yn La Roche-Guyon yn Normandi, ystafell eang ar y llawr, ffenestr fawr yn agored fel drws yn y cefn, yn agor ar y terras a lawnt. Y mae drysau ar y ddwy ochr, cadeiriau yma ac acw ; set radio a siwg a gwydrau ar fwrdd bychan mewn congl. Bwrdd crwn trwm tua'r cefn canol a'r Cadfridog Blumentritt, pennaeth staff y Gorllewin, yn gweithio wrtho. Daw milwr preifat i mewn a gosod papurau ar y bwrdd o'i flaen. Clywir sŵn awyrblanau, awyrblanau'r Saeson, yn uchel iawn uwchben, ac o bell seiren rhybudd.

BLUMENTRITT : Adroddiadau'r p'nawn ?

MILWR : Ie, syr, y seithfed fyddin a'r Corfflu Panzer.

BLUMENTRITT : Unrhyw newyddion radio ?

MILWR : Dim ar ôl chwech ar gloch.

(*Clywir car modur y* MARSIAL KLUGE *y tu allan . . . Y mae* BLUMENTRITT *yn codi i'w gyfarfod. Daw'r Marsial i mewn o'r terras drwy'r ffenestr Ffrengig. Mae'n rhoi ei het a'i fenyg i'r milwr. Mae'r milwr yn mynd at y bwrdd bychan ac yn dwyn gwydriad o cognac ar hanbwrdd i'r Marsial.*)

KLUGE : Ha, Blumentritt !

BLUMENTRITT : Noswaith dda, syr . . . Diwrnod hir ?

KLUGE : Hir a chaled.

(*Mae'n rhoi'r gwydr yn ôl ar yr hanbwrdd a ddelir gan y gwas, ac y mae'r milwr yn mynd allan.*)

BLUMENTRITT : Sut aeth y gynhadledd ?

KLUGE : Diflas.

BLUMENTRITT : 'Oedd pawb yno ?

KLUGE : Hausser, Eberbach, Sepp Dietrich, pob cadfridog, pob swyddog staff.

BLUMENTRITT : Llawer o holi am Rommel ?

KLUGE : Wrth gwrs. Rommel a drefnodd y gynhadledd. 'Wn i ddim yn iawn pam. Ond y mae Rommel yn lwcus. Mae e allan ohoni.

BLUMENTRITT : Dyna oedd eu barn hwythau ?

KLUGE : Fwy neu lai. 'Dd'wedodd neb ddim. Dim. 'Doedd dim i'w ddweud . . 'Wyddoch chi, Blumentritt, mae gen' i syniad, nage, mae gen' i argyhoeddiad, mai dyna'r gynhadledd staff olaf a wela' i ar y ffrynt rhyfel hwn,—ar unrhyw ffrynt rhyfel.

BLUMENTRITT : Cysgodion pethau sy'n dyfod ?

KLUGE : Hwyrach. Ie, mae'n debyg. Gan amlaf mi fydda' i wrth fy modd yng nghwmni swyddogion staff, yn trafod problemau technegol brwydr, yn addasu adnoddau i ofynion tacteg. Heddiw, 'doeddwn i ddim wrth fy modd.

BLUMENTRITT : Oedden' nhw'n ddi-hwyl iawn ?

KLIGE : 'Roedd pob cadfridog, pob pennaeth staff, a'i benelin ar y bwrdd a'i lygaid yn ebillio'r mapiau o'i flaen, a 'doedd neb yn smalio, dim un stori go goch, dim jôc. Dyna lle'r oeddem ni, ganol dydd Gorffennaf, prif swyddogion byddin yr Almaen, mewn seler bridd dan ddaear, golau canhwyllau, a sŵn awyrblanau'r gelyn yn torri ar ein clyw ac yn drysu'n cyngor. 'Doedd ryfedd nad oedd fawr o lewyrch ar y gynhadledd. Cadfridogion yn cnoi brechdanau cig tun ac yfed seidr sur o gwpanau di-ddolen.

BLUMENTRITT : Fedr y ffrynt ddal, syr ?

KLUGE : Cwestiwn dwl, Blumentritt, cwestiwn dwl.

BLUMENTRITT : Fel hyn yntau : pa mor hir y medrwn ni ddal ar y llinell bresennol ?

KLUGE (*gan arllwys ei syrffed*) :

Pe cawn i ryddid rhesymol, rhyddid arferol cadfridog, gan y corpral yna ym Mhrwsia, mi allwn grynhoi'r ffrynt, tynnu'r fyddin yn ôl allan o Normandi, galw ata'i y lluoedd sy yn Neau Ffrainc, a threfnu i ildio tir yn drefnus ara'. Ond mae e, y clopa drewiant draw yn y Dwyrain, yn mynnu rheoli pob symudiad yma yn Normandi. Mi ddarllenais i i'r staff y p'nawn 'ma y gorchymyn dwaetha' oddi wrtho : Ymosodwch â'r adrannau Panzer liw nos a theflwch y Saeson i'r môr.

BLUMENTRITT : Yr adrannau Panzer, ai e ? Be' dd'wedodd Sepp Dietrich ?

KLUGE : Heb godi ei ben fe dd'wedodd Sepp : Mae e'n meddwl mai moch y Gadareniaid ŷn'-nhw, a 'does gen' i ddim digon o danciau i hel cenfaint o foch i'r môr.

BLUMENTRITT : Dyna fe. Dim tanciau. Dim awyrblanau. Dim gynnau.

KLUGE : Dim ond anobaith yn rhythu i'n hwynebau ni.

BLUMENTRITT : Ydyn' nhw ar y maes yn deall hynny, syr ? Yn deall fod y ffrynt yn anobeithiol ?

KLUGE : Mae'n nhw'n deall hynny . . Mae'n nhw'n gwybod hynny . . Mae'n nhw'n gwybod rhagor na hynny.

BLUMENTRITT : Maen' nhw'n gwybod mai Rommel oedd yn iawn ?

KLUGE : Dyna un dull o ddweud y peth.

BLUMENTRITT : Mae'n rhaid inni wynebu'r peth.

KLUGE : Ie, y peth. Y peth. Y peth y mae pawb ohonom bellach yn ei weld. Y peth y mae arnom-ni ofn rhoi ei enw iddo.

BLUMENTRITT : Chi, nid fi, ddylai ddweud y gair.

KLUGE : Fe'i d'wedaf, Blumentritt. Mae hi ar ben arnom ni. Mae'r rhyfel wedi ei golli.

(*Y mae* BLUMENTRITT *yn cerdded ar hyd yr ystafell, i fyny ac i lawr.*)

BLUMENTRITT : 'Roedd y staff yn gwybod hynny ?

KLUGE : Oedden'. Yn gwybod hynny.

BLUMENTRITT : 'Ddaru 'chi drafod hynny gyda nhw ?

KLUGE : Cato pawb ! Naddo. Pam ?

BLUMENTRITT : A chithau'n arg'oeddedig mai dyna gynhadledd olaf y staff ? Y siawns olaf i gael pob cadfridog ynghyd ?

KLUGE : Efallai hynny. Beth wedyn ?

BLUMENTRITT : Yn ôl traddodiad *Corps* y Swyddogion, mi ddysgais i ei bod hi'n rhan o swydd cadfridog gofio fod bywydau dynion yn ei law ef.

KLUGE (*yn araf*) :

Mae hynny'n wir.

BLUMENTRITT : 'Does gennym ni ddim hawl i lynu wrth ymladd na dim hawl i golli bywydau bechgyn yr Almaen, unwaith y byddwn ni'n gwbl siŵr, yn sicr y tu hwnt i amau, fod yr ynladd yn ofer, mor ofer fel nad oes dim i'w ennill o'i barhau . . Dyna'r traddodiad, syr.

KLUGE : Dyna'r traddodiad. Dyna'r egwyddor. D'wyf i ddim yn gwadu.

BLUMENTRITT : Os felly,—pam—?

KLUGE : Blumentritt, nid fi yw'r pen-cadfridog. Nid fy nghyfrifoldeb i mohono. Mi dyngais i lw o ufudd-dod i Adolf Hitler. Fe gymerodd yntau i'w law ei hunan lywio a phenderfynu'r frwydr yma yn Normandi. 'Dyw e ddim yn gall. Ond fe piau'r cyfrifoldeb. Nid fi.

BLUMENTRITT : 'Oes gennym ni hawl i wadu cyfrifoldeb ?

KLUGE : Lle nad oes awdurdod 'does dim cyfrifoldeb. Felly 'does dim gwadu. Fe wyddoch chi hynny gystal â minnau. Mae'r awdurdod wedi ei gymryd yn gyfan o'm dwylo i.

BLUMENTRITT : Y funud yma mae hi'n frwydr enbyd yn Caen. Mae'r gelyn yn ymosod mewn nerth mawr. 'Rydym ni yma ac yn gwybod. Sut y mae modd gwadu cyfrifoldeb ?

KLUGE : Blumentritt, mi wn i hynny. Mi wn ein bod ni'n taflu bywydau ymaith drwy strategiaeth ynfyd. Ond pe cymerwn i'r cyfrifoldeb mi fyddwn yn anffyddlon i'm llw, llw Marsial ar faner ei wlad.

BLUMENTRITT : Herr Marsial, a bod y cyfrifoldeb yn dyfod yn ôl arnoch chi, beth wedyn ?

KLUGE : Amhosibl. 'Does dim rhaid ystyried hynny tra bo Hitler yn fyw.

BLUMENTRITT : Amhosibl ? 'wn i ddim.

KLUGE : Pam na wyddoch chi ddim ?

BLUMENTRITT : Mae gen' i adroddiadau, syr.

KLUGE : O'r ffrynt ? O Caen ?

BLUMENTRITT : Tra·oeddech chi yn y gynhadledd, fe gychwynnodd yr ymosod newydd yma. Saeson; tair cyfadran tanciau, pedwar corfflu o wŷr traed, dwy frigâd wedyn o danciau.

KLUGE : 'Ydy' Speidel yn gofalu ?

BLUMENTRITT : Fe gymerodd y gofal arno'i hun drwy'r dydd. Heb stop. Mae e wrthi'n awr.

KLUGE : Druan ohono. Unrhyw adroddiadau eraill ?

BLUMENTRITT : Oes. O Berlin.

KLUGE : Y pethau arferol.

BLUMENTRITT : Rhai eraill hefyd, nid mor arferol.

KLUGE : 'Does gan y bawiach yna yn y Swyddfa Ryfel ddim rhithyn o syniad ein bod ni'n ymladd am ein heinioes. Maen' nhw'n anfon cwestiynau'n rhesi bob dydd, ffigurau bob dydd, adroddiadau bob dydd. Cadfridogion offis yn Berlin,—ystadegau ar bapur yw bywydau dynion iddyn' nhw.

BLUMENTRITT : Mae adroddiad heddiw yn wahanol.

KLUGE : 'Choelia' i fyth ! Beth yw e ?

BLUMENTRITT : Fod Hitler wedi ei ladd ganol dydd. Hitler a Goering a Himmler. Bom.

(*Y mae* KLUGE *yn ymgodymu a'r newydd.*)

KLUGE : O'r diwedd ! Maen' nhw wedi llwyddo ! Be' wnaethoch chi ?

BLUMENTRITT : Gofyn i'r gwasanaeth monitor gadw cofnod o'r holl newyddion radio o chwech ar gloch ymlaen, newyddion tramor hefyd.

KLUGE : Wrth gwrs ! Da iawn. Rhaid inni wylio'n cam . . . 'Ydy'r newydd yn wir ?

BLUMENTRITT : 'Does gen' i ddim praw.

KLUGE : O ble y daeth e ?

BLUMENTRITT : Berlin.

KLUGE : Pwy yno ?

BLUMENTRITT : Beck. Y Marsial Beck.

KLUGE : Yn y Swyddfa Ryfel ? Beck ? Mae e wedi cymryd meddiant o'r Swyddfa Ryfel ?

BLUMENTRITT : Fe fu wrth y teleffôn yn gofyn yn daer amdanoch chi, O ! yn angerddol daer.

KLUGE : Mae e wedi cipio'r Llywodraeth ? . . . . *Putsch* ?

BLUMENTRITT : Fe wyddech chi felly am y bwriad ?

KLUGE : *Putsch* ? . . . *Putsch* !

BLUMENTRITT : 'Roeddech chi'n gwybod ? 'Roeddech chi'n ei ddisgwyl e ?

KLUGE : Gwybod ? Fi ? . . . Na, 'wyddwn i ddim oll. Chi dd'wedodd.

BLUMENTRITT (*gan chwerthin*) :

Naddo, syr, 'dd'wedais i ddim. Ond dyna sy wedi digwydd.

KLUGE : Mae'n rhaid, os yw Beck yn y Swyddfa Rhyfel . . .

(*Mae* KLUGE *mewn gwewyr meddwl.*)

BLUMENTRITT (*gan fentro*) :

Herr Marsial, mae 'nghalon i gyda Beck.

KLUGE (*gan ddeffro*) :

Beth ?

BLUMENTRITT : Newydd annisgwyl yw hyn i mi, syr. Rhaid mynd ymlaen i lywio'r ymladd yn Normandi a gwybod fod hyn yn digwydd y tu cefn inni yn Berlin. Ond credwch fi, 'does dim rhaid i chi betruso dangos eich ochor gyda mi. 'Roeddwn i'n lled amau fod Rommel yn aros i rywbeth ddigwydd. Yr oedd Rommel yma echdoe, ac yn barod, yn barod i hyn. Ond fe'i trawyd ac yn awr, wel, 'dyw Rommel ddim yma—

KLUGE : Mi wn i. Nid sowldiwr yw Rommel, ond un o farchogion y Ford Gron. Arwr mewn opera gan Wagner.

BLUMENTRITT : A bod y sefyllfa fel y mae hi, fe fyddai Rommel wedi cario'r staff i gyd gydag ef i ochor Beck,—y fyddin Panzer hefyd.

KLUGE : Efallai. Nid cenhadwr wyf i, ond sowldiwr, hen sowldiwr.

BLUMENTRITT : Os ydych chi gyda Beck, Herr Marsial, os ydych chi yng nghyfrinach Beck—

KLUGE : 'Dwyf i ddim yng nghyfrinach Beck. 'Addewais i ddim byd i Beck. Dim oll tra bo Hitler yn fyw, dim oll yn erbyn fy llw o ufudd-dod a ffyddlondeb. Mae'n ffiaidd gen' i'r mochyn. Er hynny, 'all Marsial o'r Almaen ddim torri ei lw.

BLUMENTRITT : Ond yn awr ? Os yw Hitler yn farw ?

KLUGE : Os ? Sefyllafa newydd ? Sy'n gofyn mesurau newydd ? Os yw Hitler yn farw ? 'Ddaru 'chi geisio'i gael e ar y teleffôn ?

BLUMENTRITT : Wrth gwrs. Fwy nag unwaith. Methu bob tro.

KLUGE : Methu cael ateb ? A gofyn am y Fuehrer ?

BLUMENTRITT : Wedyn, gofyn am Keitel, pennaeth y staff. Na, 'doedd neb ar gael.

KLUGE : Neb ar gael ! 'Ydy'r newydd yn wir, Blumentritt, 'ydy'r newydd yn wir ? Mae popeth yn dibynnu ar hynny.

BLUMENTRITT : Debyg iawn.

KLUGE : Ie, ond ynglŷn â Beck hefyd. Os gwir, gellir mentro gyda Beck yn erbyn y Nazïaid. Hitler yn unig sy'n cyfri . . . . Hynny fyddai orau er lles yr Almaen.

BLUMENTRITT : Beck yw unig obaith yr Almaen. Hebddo 'does dim gobaith.

KLUGE : Rhaid cael gwybod. Rhaid wrth sicrwydd cyn penderfynu. Techneg piau hi. Peidiwch fyth â phenderfynu ar ergyd mewn brwydr heb wybod y sefyllfa ar faes y gad yn gywir. Felly'n awr. Rhaid inni gael y sefyllfa'n glir. 'Ydy'r newydd yma'n siŵr ?

BLUMENTRITT : Fe ddylai'r newyddion radio o Berlin ddyfod unrhyw funud yn awr.

(*Mae'r teleffôn yn canu. Cymer* BLUMENTRITT *yr offeryn a gwrando, yna ei gynnig i* KLUGE.)

Y Marsial Beck !

KLUGE : 'Does dim dianc . . (*gan gymryd y teclyn a gwrando*). Ie, Kluge yma. Pwy sy'n siarad? Y Marsial Beck ? . . . Ie, Beck . . Hitler wedi ei ladd ? . . Beth ? 'Ydw' i'n fodlon ymuno â chi a derbyn eich awdurdod ? . . . Derbyn eich awdurdod yn Ben y Llywodraeth newydd ? . . Na, 'ddaru 'mi ddim addo ? Dim ond yn amodol, ar yr amod fod Hitler wedi darfod . . .

(*Daw'r* MILWR PREIFAT *i mewn dan redeg a rhoi papur i* BLUMENTRITT. *Y mae* BLUMENTRITT *yn edrych arno a'i basio i* KLUGE. *Mae* KLUGE *yn ei ddarllen. Exit* MILWR.

. . . Arhoswch, Herr Marsial . . Herr Marsial, gwrandewch ! Dyma adroddiad radio y funud yma yn dweud fod Hitler yn fyw, yn fyw a heb ei glwyfo, Hitler a Goering a Himmler, —y bom wedi methu ! . . . Celwydd, meddwch chi, celwydd ? Sut y gwyddoch chi ? . . . Stauffenberg ?

Stauffenberg yw'ch carn chi ? . . Ond rhaid cael sicrwydd, Beck . . .

BLUMENTRITT : Dywedwch wrtho fod Stuelpnagel a'i staff ar y ffordd yma o Baris ac y gelwch chi eto drwy'r teleffôn wedi cael yr hanes ganddyn' nhw.

KLUGE : Gwrandewch, Herr Marsial, mae Stuelpnagel ar y ffordd yma. Mi gaf drafod pethau gydag ef a rhoi gwybod i chi wedyn . . . Beth ? Gwrando ar Hofacker ? Wrth gwrs, mi wrandawaf ar Hofacker, fel y gwnes i o'r blaen . . . Ond rhaid cael sicrwydd am Hitler . . . Fe'ch galwaf . . .

(*Rhoi'r teleffôn i lawr.*)

Diolch, Blumentritt. Awgrym call i ennill amser. Rhag inni wneud dim byd dwl.

BLUMENTRITT : Mae Stuelpnagel yn gefn mawr hefyd, y tawelaf a'r cryfaf ohonon-ni. Mae mentr a chryfder yn un yn Stuelpnagel.

KLUGE : O ! . . . Ie ? . . (*gan godi'r papur eto*) Be' wnewch chi o hwn ?

BLUMENTRITT : Os yw Hitler wedi ei ladd mae'n rhaid i radio Goebbels wadu hynny nes bod Fuehrer newydd yn barod.

KLUGE : Dyna mae Beck yn ei ddweud. 'Roedd Stauffenberg yn dyst ganddo.

BLUMENTRITT : Ond pam—?

KLUGE : Pam beth ?

BLUMENTRITT : Pam y mae radio Berlin yn nwylo Goebbels ? 'Ydy' Beck a Witzleben yn deall techneg chwyldro ? Nid Nazïaid monyn' nhw na Chomiwnyddion. Heb gipio Radio Berlin fedr *putsch* ddim llwyddo. Mae arna'i ofn am Beck. Sowldiwr heb brofiad chwyldro. Anaml y mae sowldiwr yn llwyddo mewn *putsch*.

KLUGE : Rhaid inni gael y gwir : 'ydy' Hitler yn fyw neu farw ? Ar hynny mae'r cyfan yn troi. 'Does dim arall o bwys yn awr.

BLUMENTRITT : 'Does dim arall o bwys i'r Almaen.

KLUGE : 'Does dim arall o bwys i ni. Os yw e wedi ei ladd, mi dd'wedais, fe all y fyddin weithredu—

BLUMENTRITT : Gweithredu gyda Beck ?

KLUGE : Dyna f'addewid i iddo.

BLUMENTRITT : Oedd rhywun yn dyst i'ch addewid ?

KLUGE : Hofacker. Hofacker aeth rhyngom.

BLUMENTRITT : Ac os yw Hitler yn fyw ?

KLUGE : Os yw e'n fyw ? . . Mae gennym ni lond ein dwylo yn Normandi . . . Bydd brwydr yn help i anghofio.

(*Y mae* BLUMENTRITT *yn edrych arno ac yn amau fod* KLUGE *wedi ei golli.*)

BLUMENTRITT : Ydy', mae'r ffrynt yn ddihangfa . . . .

(*Clywir sŵn modur yn nesàu a sefyll.*)

Gallwn fod mor ddiwyd yn colli bywydau fel na fydd mo'r amser i ofidio.

(MILWR *wrth y drws.*)

MILWL : Llywodraethwr Ffrainc a'i staff, syr.

KLUGE : Purion.

(*Daw* STUELPNAGEL, LINSTOW, HOFACKER, *sefyll gard, salŵt. Wedyn mae* KLUGE *yn ysgwyd llaw* STUELPNAGEL, *a* BLUMENTRITT *gyda'r ddau arall.*)

KLUGE (*ar ôl iddynt dynnu eu hetiau*) :

Sut y daethoch chi, y briffordd ? Tri-un-tri ?

STUELPNAGEL : Amhosibl. Ar honno y trawyd Rommel. Mae eu Llu Awyr *nhw* yn cau honno megis blocâd.

BLUMENTRITT : Blocâd yw e. Mae'n drysu'n hamddiffyn ni yn Caen yn awr.

STUELPNAGEL : Fe aethom drwy Pontoise a dewis ffyrdd a lonydd heb fod ar fap.

KLUGE : Damnia Goering a'i *Luftwaffe*.

LINSTOW (*gyda'i floedd arferol o chwerthin*) :

Herr Marsial ! *De mortuis* !

KLUGE : *De mortuis* ?

LINSTOW : Y meirw, syr. Dipyn o Ladin dyddiau ysgol. Y meirw, siŵr iawn.

KLUGE : Pwy yw'r meirw siŵr iawn ?

LINSTOW : Wel, Hitler a Goering a Himmler ! Fe glywsoch, on'd do ?

KLUGE : Do, fe glywsom. Nid yn siŵr iawn.

BLUMENTRITT : Fe glywsom wadu hynny hefyd.

LINSTOW (*reit hapus*) :

Wrth gwrs, syr. Goebbels.

KLUGE (*yn llym*) :

Oes gennych chi unrhyw braw, praw, fod y Fuehrer wedi ei ladd ?

LINSTOW : Oes, yn bendant, syr. Claus a oedd yn gadèt yr un flwyddyn â mi, fy ffrind mawr i. Claus von Stauffenberg. Fe ei hunan osododd y bom a'i lladdodd nhw. Fe ei hunan dd'wedodd y newydd wrthyf i ar y teleffôn. Fe welodd e'r peth yn digwydd. Yn awr mae . e gyda Beck yn Berlin yn arwain y chwyldro.

KLUGE (*gan godi'r papur oddi ar y bwrdd*) :

Mae gen' i adroddiad radio yma yn cyhoeddi i gais at ladd Hitler â bom y bore heddiw fethu a bod y Fuehrer yn iach lawen a Goering a Himmler yr un modd. Radio Berlin.

LINSTOW : Mae hynny'n normal a rheolaidd, syr. Chwarae teg i Goebbels.

KLUGE : 'Dwyf i ddim wedi f'argyhoeddi fod newyddion radio Goebbels yn anwiredd.

STUELPNAGEL : Herr Marsial, 'rych chi fel finnau yn hen adnabod y Marsial Beck. Buom dano ein dau pan oedd ef yn Bennaeth Staff yr Almaen, yr arweinydd cryfaf a doethaf a fu yn y swydd yn ein hoes ni. 'Rych chithau yn un o'i ffrindiau, ac y mae hynny'n anrhydedd i chi. Y mae yntau y p'nawn heddiw yn ei osod ei hun yn Arlywydd ar yr Almaen i ddilyn Adolf Hitler. 'Dyw hynny ddim yn ddigon i chi?

KLUGE: Fy nghyfaill, 'rwyf i mewn penbleth. Pob parch i Beck: sowldiwr mawr, gŵr o gydwybod, gwladgarwr. Yn ôl yr hanes, mae e wedi cychwyn *putsch* a chyhoeddi llywydraeth newydd—

STUELPNAGEL: Yn ôl yr hanes? Herr Marsial, 'fuoch chi ddim yn siarad gyda Beck?

KLUGE: Fe'm galwodd i drwy'r teleffôn. Fe dd'weddodd fod Hitler wedi ei ladd. Yna gofyn imi gydnabod ar unwaith ei awdurdod ef a'i lywodraeth.

STUELPNAGEL: Yn ôl y trefniad.

KLUGE: Ar ganol brwydr Normandi? 'Ydych chi'n deall, os collwn ni'r frwydr hon, nid yr ochr yma i Baris y bydd siawns inni ail-sefyll? Sut yr oedd modd imi ateb Beck? Heb gael dim sicrwydd fod yn *rhaid* newid Llywodraeth? Hyd y medra' i farnu, gair Stauffenberg yn unig sy gennym ni fod Hitler wedi darfod. Mae Beck wedi rhuthro ar air Stauffenberg. 'Fedra' i ddim. Ydy' Stauffenberg yn siŵr o'i bethau? Sut na byddai Radio Berlin wedi tewi?

(*Y mae cloch y teleffôn yn canu.*)

BLUMENTRITT (*gan godi'r offeryn*):
Y Cyrnol Hans Linstow? Ydy', mae ef yma . . . Cewch siarad gydag ef ar unwaith . . Neges ar frys i chi oddi wrth Stauffenberg.

LINSTOW (*gan gymryd y teleffôn*):
Stauffenberg? . . Ie, Claus, fi sy 'ma, Hans! . . . . Methu? . . Beck? . . Popeth ar ben? . . . Claus! . . Claus! . . Claus!

(*Mae* LINSTOW *yn gollwng y teleffôn a*

syrthio i gadair. Dyry BLUMENTRITT *yr offeryn yn ôl ar y blwch. Mae* HOFACKER *yn cael cwpan o ddŵr ar fwrdd ger y set radio a'i roi i* LINSTOW.

Daw MILWR *i mewn ar frys a rhoi papur i* BLUMENTRITT.)

BLUMENTRITT (*wrth y* MILWR) : Canhwyllau ar unwaith, 'y ngwas i, mae hi'n tywyllu . . . (*wrth y lleill*) Mae golau trydan y *chateau* wedi darfod.

(*Exit y* MILWR *i nôl y canhwyllau. Mae* BLUMENTRITT *yn darllen y papur yn uchel.*)

BLUMENTRITT : " Mewn ychydig funudau fe dorrir ar y miwsig er mwyn rhoi lle i gyhoeddiad arbennig o bob stesion radio ynghylch y Fuehrer, Adolf Hitler."

KLUGE : Gallwn ei glywed e yma. Rhowch y set radio 'na ar waith.

(*Y mae* HOFACKER *yn cychwyn y set radio a daw miwsig cerddoriaeth agoriadol Tannhauser drwodd.*

Mae LINSTOW *yn parhau i eistedd ac yfed diferion o ddŵr.*

Mae STUELPNAGEL *yn mynd allan drwy'r ffenestr agored i'r terras i gael awyr.*

Daw'r MILWR *a chandelabra arian a'u dodi ar y bwrdd.*

Exit MILWR. *Mae'r miwsig yn codi i anterth ei angerdd a pheidio.*

Yna LLAIS YN DARLLEDU :

" Heil Hitler ! Hysbysiad arbennig. Ganol dydd heddiw fe geisiwyd mwrdro Fuehrer y Reich, Adolf Hitler. Ffrwydrodd bom yn y caban lle yr oedd ef mewn cyngor. Trwy ofal Rhagluniaeth fe ddihangodd y Fuehrer yn gwbl iach a dianaf. Y mae ef a'r Marsial Goering yn awr mewn cynhadledd gyda Signor Mussolini, Duce yr Eidal.

Heno, ar ôl y gynhadledd, bydd y Fuehrer yn annerch yr Almaen drwy'r radio ac yn cyhoeddi cosb a dial ar y clîc bychan o swyddogion y fyddin a fu'n cynllwyn brad yn ei erbyn. Heil Hitler."

(*Seibiant. Y mae* HOFACKER *yn tewi'r set radio.*)

KLUGE : Ffeithiau o'r diwedd ! Ffeithiau ! Mae'r niwl wedi codi . . .

BLUMENTRITT (*wrth* LINSTOW) :
'Ydych chi'n well, Linstow ?

LINSTOW (*gan godi i'w draed*) :
Ydw'n awr. Yr hen drwbl, syr. Fy nghalon i.

BLUMENTRITT : Mi wn o'r gorau. Mae gofyn i chi ofalu . . . Mae hi'n noson braf i lu awyr y gelynion, Stuelpnagel.

KLUGE : 'Gawn ni glywed eich newydd chi o Berlin, Linstow ?

LINSTOW : Newydd digysur, syr.

KLUGE : Cysurwch, cysurwch fy mhobl. 'Does neb yn gwneud. Wel ?

LINSTOW : Pan oedd Stauffenberg wrth y teleffôn yn siarad 'roedd y Gestapo yn byrstio clo'r drws i gael ato. 'Chafodd e ond prin weiddi ei neges.

KLUGE : Be' dd'wedodd e ?

LINSTOW : Popeth ar ben, popeth ar ben, Hans !

BLUMENTRITT : A Beck ?

LINSTOW : A Beck newydd ei saethu ei hun.

STUELPNAGEL : Popeth ar ben, popeth !

LINSTOW : Ond y Gestapo wrth y drws.

BLUMENTRITT : Beck ! . . Beck ! . . Beck !

STUELPNAGEL : Eironi tynged ! On'd yw Rhagluniaeth yn ein gwatwar ni ! Cynllunio marwolaeth Hitler a medru marwolaeth Beck !

BLUMENTRITT : Beck oedd cydwybod *Corps* y Swyddogion. Beck oedd ein hangor ni.

LINSTOW : 'Roedd Claus fel mab iddo.

STUELPNAGEL : Ie, beth am Stauffenberg ?

LINSTOW : Fe gwympodd wrth y teleffôn. Fe'u clywais nhw'n saethu ato. Yn ei funud olaf, fe fynnodd roi gwybod inni.

KLUGE : Peth da yw cael gwybod. O leia bellach, mae'r sefyllfa'n glir.

LINSTOW (*gyda bloedd o chwerthin*) :
Go dda, syr, go dda ! Mae Beck wedi marw, maen' nhw'n saethu Stauffenberg, ond y safbwynt proffesiynol am byth, mae'r sefyllfa bellach yn glir !

KLUGE (*yn ddig*) :
Maen' nhw wedi bwnglera'u *putsch*. Bwnglerwch ! Stremp anfaddeuol !

BLUMENTRITT : Y peth anfaddeuol heno yw bod yn fyw.

STUELPNAGEL : Mae Beck wedi talu'r ffyrling olaf.

KLUGE : A gadael i'r lleill wynebu'r dial. Ar ganol brwydr !

BLUMENTRITT : Y frwydr fydd ein noddfa ni.

KLUGE : Bydd y Gestapo'n mynd a'u crib drwy bob staff ar bob ffrynt. Fe fydd cannoedd o uchel swyddogion yn crogi. Fe fydd cannoedd yn eu saethu eu hunain.

LINSTOW : Y rhai lwcus.

KLUGE : Diolch fyth, er mor daer oedd Beck, mi gedwais i'r fyddin yn Ffrainc rhag llosgi ei bysedd. Mae hynny'n rhywbeth . . . 'Rwy'n gobeithio fod hynny'n rhywbeth . . Wel, 'does dim amdani'n awr ond mynd yn ôl at ein gwaith, at y frwydr yn Normandi.

HOFACKER : Gan fwrw fod popeth ar ben ?

KLUGE : Yn gymwys felly. Stauffenberg ei hun biau'r geiriau.

LINSTOW : Ei eiriau olaf.

HOFACKER : Ond 'dyw'r geiriau ddim yn wir.

KLUGE : Mae'r bom wedi methu. Mae'r *putsch* wedi methu. Bwnglera fu'r cwbl oll. Dyna ben.

HOFACKER : 'Dyw e'n ddim ond dechrau, syr. Fe dd'wedsoch eich hunan y bydd y Gestapo'n mynd a'u crib drwy bob staff ar bob ffrynt. Fe ddôn' yma, Herr Marsial, yma i'r Roche-Guyon, i'r stafell hon,—os na rwystrwch chi nhw—i holi am ein cyfarfod ni heno. Fe bwysan' yn y dull y gwyddom amdano am ateb gan bawb yma,—paham y cyfarfod heno ? Be' fu'r sgwrs ?

KLUGE : Mae traddodiad *Corps* y Swyddogion yn ddigon o amddiffyn i bawb.

HOFACKER : Diolch, Herr Marsial, am y gair. Mae traddodiad *Corps* y Swyddogion yn galw arnoch chithau heno i weithredu'n deilwng o'ch swydd. Nid swydd fechan yw Cad-Farsial o'r Almaen. Mae hi'n awr o dynged i'r Almaen heno yn y stafell hon. Maen' hwythau o'ch cwmpas chi, syr, Marsialiaid yr Almaen gynt a greodd fawredd ein gwlad. Maen' nhw'n galw fel Beck drwy'r teleffôn am eich cymorth chi heno.

KLUGE : Mae Beck wedi marw. Fe ofynnodd imi wrando ar eich neges chi. O barch i'w goffadwriaeth mi wrandawaf.

HOFACKER : Pedwar diwrnod yn ôl, Herr Marsial, fe sgrifennodd Rommel adroddiad swyddogol a llythyr personol at Hitler. Cafodd y Marsial ei daro cyn eu postio nhw. Fe ddarllen'soch chi'r adroddiad ?

KLUGE : Do.

HOFACKER : A'r llythyr ?

KLUGE : A'r llythyr.

HOFACKER : 'Ddaru 'chi eu postio nhw ?

KLUGE : Maen'n nhw'n barod i'w danfon.

HOFACKER : Mae Rommel yn dweud yn ei lythyr personol fod ymladd ymhellach yn Ffrainc yn drosedd, yn lladdfa heb werth a heb esgus, yn fwrdrad. Mae e'n apelio am gad-oediad yn Normandi ar unwaith.

KLUGE : Ydy'. Mae hynny yn y llythyr.

HOFACKER : 'Ddywed'soch chi hynny heddiw wrth gynhadledd y staff ?

KLUGE : Wr ifanc, fy musnes i yn fy swydd oedd cynhadledd y staff.

HOFACKER : Maddeuwch i mi, Herr Marsial, y Marsial Rommel cyn ei glwyfo a drefnodd gynhadledd y staff y p'nawn heddiw. Fe'i galwodd er mwyn darllen ar goedd ei lythyr at Hitler ac er mwyn ennill cefnogaeth y fyddin oll i'r hyn oedd yn fwriad ganddo. Fe dd'wedodd Rommel hynny wrthych chi yn y stafell hon. Rommel a chi a fi yn unig oedd yma. Chi a'm danfonodd i wedyn at Beck gyda neges ac addewid.

KLUGE (*gan guro'r bwrdd â'i ddwrn yn gynhyrfys iawn*) : 'Fu dim addewid. 'Fu dim addewid. Mi dd'wedais fy mod i'n cytuno â Rommel ynghylch y sefyllfa. Mi dd'wedais y byddwn i'n gweithredu gyda Beck, ond yn unig ar yr amod fod Hitler wedi darfod.

HOFACKER : Gwir ddigon, syr.

KLUGE : Ac yn awr y mae Beck yn gorff a 'dyw Hitler ddim wedi darfod.

HOFACKER : Ond mae'r Almaen yn darfod, Herr Marsial. Mae'r Rwsiaid yn treiddio drwy Bwyl. Mae eu traed nhw ar ffiniau Prwsia, ar ffin eich stad chi eich hunan. Cyn pen mis ar y mwya' bydd Bwlgaria a Rwmania wedi ildio'u harfau i Stalin. Wedyn bydd y ffordd i Berlin a'r ffordd i Fienna yn sarn i'r Fyddin Goch. Bydd y Cosac a'r Mongol yn gwersyllu lle heno y mae Beck yn gorff.

KLUGE : Mae'r peth yn hunllef fyth er Stalingrad.

HOFACKER : Nid hunllef mono mwyach ond ffaith sy'n digwydd. Unwaith y byddan' nhw yn Berlin bydd y Rwsiaid yn aros yno,—aros weddill yr ugeinfed ganrif. Fe fydd Prwsia yn rhan o Asia. Bydd Gorllewin yr Almaen yn faes ymrafael rhwng Asia a'r America. A bom atomig Hitler, y bom oedd i ddychryn y byd ac ennill iddo'r rhyfel ar y funud olaf hon,—bydd hwnnw yn nwylo arglwyddi'r Kremlin ym Mosco. Bydd gwyddonwyr yr Almaen yno'n gweini a gwas'naethu . . Bydd Ewrop yn gornel ar odre Asia Goch.

KLUGE : Blumentritt, mae hynny yn bosib.

BLUMENTRITT : Mae'r perigl yn ein hymyl ni heno.

HOFACKER : Herr Marsial, mae traddodiad *Corps* y Swyddogion yn perthyn i Ewrop. 'Rŷm ni'n deillio o Napoleon a Ffredrig. Mae'r Almaen, er gwaetha'r Naziaid, yn edrych gyda Goethe tua Groeg. Mae Protestaniaeth Luther yn rhan o wareiddiad y Gorllewin. A'r funud hon, yn y stafell yma'n awr, mae tynged yr Almaen a'r ugeinfed ganrif yn Ewrop yn sefyll ar eich dewis chi.

KLUGE : Nac yw. 'Rwy'n gwrthod cydnabod y peth.

HOFACKER : Gellwch wrthod. 'Fedrwch chi ddim dianc. Mae tynged wedi'ch dal chi yn ei magl. Mae'r Almaen ac Ewrop oll yn dibynnu ar eich ateb chi'n awr.

KLUGE : Fy ateb ? Fy ateb i beth ?

HOFACKER : 'Wnewch chi dderbyn cynllun Rommel a rhoi cychwyn iddo heno ? Y cynllyn i achub Ewrop rhag Asia ? Y cynllun a gafodd eich bendith pan gymerais i ef at Beck.

KLUGE : 'Roedd cynllun Rommel yn dibynnu ar lwyddiant y bom a'r *putsch*. Mae'r cynllun yn farw gelain.

HOFACKER : Mae'r cynllun yn fyw, Herr Marsial. Tu yma i afon Rhein 'does neb all eich rhwystro chi heno. Mewn chwarter awr ar y teleffôn gellwch wrantu ffyddlondeb pob cadfridog. Er mwyn hynny y bu cynhadledd y staff. Dwy awr wedyn, drwy'r radio, gellwch siarad eich hunan gyda Montgomery neu Eisenhower. Fe brofwyd hynny wythnos yn ôl. Wedyn fe agorwch y ffordd i'r Saeson a'r Americanwyr gyrraedd Berlin cyn y Rwsiaid. Gellwch arbed Berlin. Gellwch achub yr Almaen rhag ei rhwygo'n ddwy. Gellwch achub Ewrop rhag Asia. 'Does dim yn y cynllun y mae angen newid arno.

KLUGE (*wedi seibiant o bwyso*) :
Dim ond bod Hitler yn fyw.

HOFACKER : Pa ots fod Hitler yn fyw ? Heno, yr Almaen ac Ewrop sy'n cyfri, nid Hitler.

KLUGE : Tra bo Hitler yn fyw mae fy llw i'n sefyll, adduned Marsial o'r Almaen, llw o ffyddlondeb ac ufudd-dod diamod i berson y Fuehrer.

STUELPNAGEL (*yn dawel*) :
Herr Marsial, 'ydy' hyn yn deg ? Pa lw a rwymodd Hitler wrth onestrwydd ? Fe dorrodd yn ulw mân ei lw i'r Almaen. 'Dyw'r llw heddiw ond gwynt.

KLUGE : 'Dyw'r llw heddiw ond gwynt ? Ie, 'rwy'n cofio. Geiriau Groener, pennaeth y staff, wrth y Kaisar ar derfyn y rhyfel byd cynta'. Pan ofynnodd e i'r Kaisar fynd . . . 'Faddeuodd *Corps* y Swyddogion erioed i Groener.

STUELPNAGEL : Nid y fyddin ond Hitler sy wedi troi'r llw yn wynt.

KLUGE : "A dwng i'w niwed ei hun ac ni newidia "—onid dyna draddodiad y *Corps* ?

LINSTOW : Syr, syr, 'fu Llyfr y Salmau erioed yn rhan bwysig o addysg y fyddin.

STUELPNAGEL : Gwarchod yr Almaen, amddiffyn a chadw'r Almaen, felly y deëllais i draddodiad y *Corps*.

HOFACKER : Herr Marsial, fe wyddoch chi fel finnau fod Rommel yn barod i weithredu'r cynllun er bod Hitler yn fyw.

KLUGE : Mae miloedd yn yr Almaen o hyd, miloedd hefyd yn y fyddin, a'u ffydd heb siglo yn Hitler. Byddai gweithredu'r cynllun yn awr yn chwanegu rhyfel cartrefol at y rhyfel sydd eisoes yn bod.

HOFACKER : Syr, mae adegau'n digwydd y mae galw ar gadfridog i fentro'n eithafol arwrol. Pa raid imi ddweud wrthych chi? Ganrif a hanner yn ôl, ar y daith drwy'r eira o Mosco, ar noson olaf y flwyddyn enbyd honno, fe dynnodd y Cadfridog Yorck ei fyddin allan o gynghrair Napoleon, fe agorodd borthladdoedd Prwsia i elynion Ffrainc, yn groes i orchymyn ei ymeradwr ei hunan, Ffredrig Wiliam. Y weithred honno a greodd yr Almaen fodern, y weithred fwyaf herfeiddiol yn holl gronig y staff. 'Does dim ond esiampl Yorck all achub yr Almaen heno. Mae'r sefyllfa'r un fath. Mae'r angen yr un mor daer. Heno mae'r Almaen yn gweddïo am ryw Yorck eto'n waredwr. A chithau, Gunther von Kluge, Marsial yr Almaen, onid chi yw ein Yorck?

KLUGE (*wedi pwyso*) :

Ydy', mae'r demtasiwn yn gref, Hofacker, y demtasiwn ramantaidd. Bod yn arwr ar lyfrau hanes, nid yn sowldiwr mewn rhyfel a gollir . . Ond sowldiwr wyf i, Iunker o Brwsia; traddodiad ufudd-dod a pharch i orchymyn yw mêr fy esgyrn i. A beth yw eich cynnig chi? 'Rych chi'n gofyn imi godi mewn rhyfel i fradychu fy mhennaeth a'm llw . . Foneddigion, mae'r enw bradwr yn ddychryn i mi.

HOFACKER : Heno 'does dim ond dewis rhwng brad a

brad. Brad i'r Almaen yw glynu wrth Hitler heno.

LUGE : Mae Hitler yn fyw. 'Fynnwch chi ryfel cartrefol ?

OFACKER : Mae'r fyddin i gyd ar bob ffrynt yn aros i'r Yorck. '*Fydd* dim rhyfel cartrefol.

LUGE : Hyd yn oed yma yn Ffrainc mae'r S.S. a'r S.D., y Gestapo oll, yn barod i farw dros Hitler.

TUELPNAGEL (*gyda gwên*) :
'Ddim mor barod â hynny. Erbyn hyn mae Gestapo Ffrainc, bob gŵr ohonyn', yn y carchar yn Fresnes, dan glo.

INSTOW : 'Ych chi'n gweld, syr ? Mae pob gwrthwynebiad ar ben. Mae'r *putsch* yn Ffrainc eisoes wedi llwyddo. Mae'r swyddogion a'r staff tan un ar eich ochor. Mae'r fyddin yn aros i'r Yorck !

LUGE (*yn ara,' wedi ei syfrdanu*) :
Be' dd'wedsoch chi ?

TUELPNAGEL : Mae'r S.S. a'r S.D. oll, yn ôl cynllun Rommel, wedi eu cloi yn y carchar.

LUGE : Mae'r peth yn—

INSTOW : Herr Marsial, mae'r sefyllfa bellach yn glir. Mae'r Gestapo wedi eu clirio o Ffrainc !

LUGE : Blumentritt, 'wyddech chi am hyn ?

LUMENTRITT : 'Wyddwn i ddim am gynllun Rommel, syr. Wrth gwrs, fe fu'r Cadfridog Stuelpnagel yn eich ceisio chi droeon drwy'r teleffôn a methu'ch cael.

LUGE (*gan ddechrau ymroi i'w ddig*) :
Herr Cadfridog, ar orchymyn pwy y gwnaethpwyd hyn ?

TUELPNAGEL : Ym Mharis, fy ngorchymyn i.

LUGE : O ble y daeth eich awdurdod ?

TUELPNAGEL : Oddi wrth y Marsial Beck. Yr oedd yn rhan anhepgor o gynllun Rommel ac i'w gyflawni ar unwaith wedi cael gair fod

Hitler yn farw. Fe wyddech chithau hynny.

KLUGE : A gaf i ofyn i chi'n ffurfiol pwy yw pen-cadfridog y Gorllewin ?

STUELPNAGEL : Chi, syr.

KLUGE : Ac fe wnaethoch chi hyn heb ymgynghori â mi, heb fy nghennad ?

STUELPNAGEL : 'Doedd dim modd eich cael, nac ymgyng hori. Mi gymerais y cyfrifoldeb.

KLUGE : Yn fy holl yrfa,—yn fy holl yrfa,—'chlywais i 'rioed o'r blaen am uchel gad-fridog yn euog o'r fath anufudd-dod a'r fath annisgyblaeth !

STUELPNAGEL : Tybed, Herr Marsial, tybed ? 'Chlywsoch chi ddim am gadfridog yn cytuno i chwyl-dro a llywodraeth newydd dan Beck, heb ddweud un gair am y cynllun wrth y Fuehrer ? Heb ei rybuddio o'i berig' ?

KLUGE : 'Ydych chi'n fy herio i ?

STUELPNAGEL : Mae hynny 'mhell iawn o'm hamcan. Ond apelio atoch chi, apelio at eich rheswm a'ch synnwyr cyffredin. 'Rwy' am eich ennill chi, eich ennill chi i achub yr Almaen y funud hon. 'Rwy'n dangos i chi nad oes dim oll yn Ffrainc all eich rhwystro, fod y fyddin yn awchus i'ch dilyn—

KLUGE : 'Rwy'n dechrau deall. Mae'n rhaid i chi wrth Farsial o'r Almaen i ennill y fyddin. Ond *chi* fydd yn arwain y chwyldro. 'Dyw'r Marsial ond offeryn dros dro.

STUELPNAGEL : Herr Marsial, nes dyfod yma mi gredais yn sicr fod Hitler yn farw. Mi gredais fod Beck yn Arlywydd yr Almaen, mai Beck oedd yn arwain y chwyldro, a chithau wrth ochor Beck. 'Doeddwn i ond gwas yn y cefn.

KLUGE : Ac er mwyn fy ngorfodi i gytuno fe gych-wyn'soch *putsch* ym Mharis.

STUELPNAGEL : Fe roisoch chi'ch gair i Beck.

KLUGE : Ar yr amod fod Hitler yn farw.

STUELPNAGEL : Mi gredais fod Hitler yn farw. Mi gredais felly i'ch gair.

KLUGE : Ond cychwyn *putsch* hebof i, er mwyn fy ngorfodi.

STUELPNAGEL : Mewn *putsch*, Herr Marsial, mae rheolau normal disgyblaeth yn torri i lawr. Wedi clywed fod Hitler yn farw 'roedd yn rhaid symud ar unwaith i ddiogelu Beck. Nid gohirio a rhoi siawns i'r Gestapo alw am help gan y Llynges a'r Nazïaid.

KLUGE : 'Rwy'n gweld eich bwriad yn glir: rhwymo fy nwylo i.

HOFACKER (*y cais olaf*) :

Herr Marsial, er mwyn yr Almaen, yr Almaen y bu Beck farw trosti heno, er mwyn gwareiddiad Ewrop—

KLUGE : Dim arall ond hynny : rhwymo fy nwylo i.

STUELPNAGEL (*yn ysgafn ddirmygus*) :

Myfi a fu'n dwp, Herr Marsial. R'wy'n deall yn awr. Mae'ch rhwymo chi eich wrth gair yn fwy nag a fedrodd neb. Mae llw a dyngwyd i ffalster yn gryfach gennych.

(*Y mae* STUELPNAGEL *yn troi ei gefn ar* KLUGE *ac yn mynd at y ffenestr i gael awyr y terras. Mae hi'n dywyll yno erbyn hyn.*)

KLUGE : Blumentritt, cymerwch y teleffôn a gorchymyn i Boineberg ryddhau'r carcharorion yn Fresnes ar unwaith.

LINSTOW : 'Fedrwch chi ddim heno, syr. 'Dyw Boineberg ddim yn ei swyddfa. Mae'r garsiwn oll allan ar y gwaith. Rhaid aros tan hanner nos.

KLUGE : Mae hyn wedi drysu popeth. Mae'n waeth na thor-disgyblaeth. 'Fydd neb oll yn Ffrainc bellach yn rhydd o amheuaeth a pherigl. Mi geisiais i gadw'r staff rhag llosgi eu bysedd. Mae eu dwylo nhw 'nawr hyd yr arddwrn ar dân. Ym Mharis, yn Normandi, yn yr ysbyty lle mae Romme yn gorwedd, bydd Himmler a'r Gestap yfory yn ffroeni ysglyfaeth.

STUELPNAGEL (*wedi dychwelyd*) :
Sut y medran' nhw ond trwoch chi ?

KLUGE : 'Rych chi wedi bradychu'ch cyd-swydd ogion i'r cŵn !

BLUMENTRITT : Hynny yw, os rhoir cŵn y Gestapo y rhydd.

KLUGE : Mae Hitler yn fyw. Beth arall sy bosib' y awr ?

BLUMENTRITT : Rhaid i hynny, Herr Marsial, ddibynnu a eich dewis chi.

LINSTOW (*yn ddihitio bellach*) :
Gwell rhedeg gyda'r cŵn na chyda' sgwarnog.

KLUGE : Mae'n rhaid eu rhyddhau nhw. Ymroi wrthryfel yw peidio. Mae gwrthryfel y amhosib' yn awr.

LINSTOW : Mae'n rhaid eu rhyddhau nhw er mwy crogi'ch cyd-swyddogion. Mae hynny' bosib' yn awr.

HOFACKER : Mae'n rhaid eu rhyddhau nhw er mwy cyflawni brad yr Almaen. Hynny sy' digwydd yn awr.

KLUGE : Foneddigion, dyna ddigon o siarad.

STUELPNAGEL : Mae'r Marsial wedi dewis ei lwybr.

KLUGE : 'Rwy'n dewis llwybr sowldiwr, llwybr dy letswydd.

STUELPNAGEL : Herr Marsial, er mwyn eich hunan-barc peidiwch â llechu mewn moesoldeb.

KLUGE : Fy nyletswydd i yw sefyll yn ffyddlon i' llw.

(*Mae* LINSTOW *yn chwerthin. Ar amna gan* STUELPNAGEL *mae'r tri swyddog o Bar yn gwisgo'u hetiau, yn sefyll gard gerbron Marsial,* STUELPNAGEL *yn y canol, gam flaen y lleill.)*

KLUGE : Herr Cadfridog, mae fy ngorchwyl i'n awr yn ofid imi. Yn gyntaf 'rwy'n gorchymyn i chi ddychwelyd ar eich union i Baris a rhyddhau'r Cadfridog Albrecht a'r holl S.S. ac S.D., a gorau po gyntaf.

STUELPNAGEL : Mi wnaf hynny, syr.

KLUGE : Yn ail, mae'n rhaid imi gymryd eich swydd oddi arnoch chi. Ar ôl canol nos heno fe beidiwch â bod yn Llywodraethwr Milwrol Ffrainc. Byddaf yn anfon f'adroddiad at Hitler yfory. Cewch glywed wedyn eich tynged o bencadlys y Fuehrer . . Nos da.

(Mae'r tri yn salwtio a throi. Exeunt LINSTOW *a* HOFACKER. *Mae* STUELPNAGEL *yn mynd ar eu hôl.)*

BLUMENTRITT (*wrth* KLUGE) :
'Fedrwch chi ddim gollwng cyd-gadfridog fel yna.

KLUGE (*yn brysio ar ôl* STUELPNAGEL *a gafael yn ei fraich*) :
Stuelpnagel !

STUELPNAGEL (*gan sefyll*) :
Wel ?

KLUGE : Un gair answyddogol . . Petawn i yn eich eich lle chi . . .

STUELPNAGEL : Mae'n anodd dychmygu, ond—wel ?

KLUGE : Rhowch ddillad sifil amdanoch a diflannu ym Mharis. Bydd yr Americaniaid yno cyn pen mis.

STEULPNAGEL (*gan edrych arno'n ddwys*) :
Gunther von Kluge, mae'n ddrwg gen' i amdanoch chi. Mae'n ddrwg gan fy nghalon i drosoch chi.

(Exit STUELPNAGEL. *Mae* BLUMENTRITT *yn mynd ar ei ôl ef allan. Ymhen ychydig clywir y car modur yn ymadael.*

Y mae KLUGE *yn sefyll a phwyso ar y bwrdd ac yn heneiddio o flaen llygaid y gynulleidfa.*

Daw BLUMENTRITT *i mewn drwy'r ffenestr, ac edrych arno'n hir. Cyfyd* KLUGE *ei ben.*

KLUGE : Blumentritt, 'fuoch chi mewn dyled erioed ?

BLUMENTRITT : Dyled ariannol ?

KLUGE : Ie.

BLUMENTRITT (*yn syn*) :
Na fûm i. Neu ddim dyled o bwys. Pam?

KLUGE : Rhyw ddwy flynedd a hanner yn ôl yr oeddwn i mewn dyled go fawr.

BLUMENTRITT : Dyled am faint ?

KLUGE : Chwarter miliwn.

BLUMENTRITT : Gwarchod !

KLUGE : 'Roeddwn i mewn trwbl. Bu'n rhaid imi ddweud wrth Hitler . . Mi gefais siec ganddo yn talu'r cyfan . . . .

(*Distawrwydd. Nid yw* BLUMENTRITT *yn ateb.*)

Blumentritt, anfonwch delegram at y Fuehrer yn fy enw i i'w longyfarch ar ddianc rhag y bom.

(*Y mae* BLUMENTRITT *yn edrych arno ac y mae'r*

LLEN YN DISGYN.

ACT III.

(Yr ydym yn ôl yn swyddfa Llywodraethwr Milwrol Ffrainc yn yr Hotel Majestic ym Mharis. Mae hi'n chwarter i naw y bore Sul, Gorffennaf 23. Pan gyfyd y llen y mae'r IARLLES ELSE VON DIETLOF *yn bwrw trem olaf ar gynnwys y cabinet dur, yna'n ei gloi ac yn rhoi'r allwedd yn ei satsiel sydd ar y bwrdd. A'r funud honno daw'r Cadfridog* ALBRECHT *i mewn heb guro.)*

IARLLES : Herr Cadfridog !

ALBRECHT : Bore da, Frau Iarlles.

IARLLES : Be' wnewch chi yma ?

ALBRECHT (*yn hoyw*) : Busnes, Iarlles, busnes.

IARLLES : 'Fydd y Llywodraethwr ddim yma cyn naw ar gloch.

ALBRECHT : Am naw, ai e ?

IARLLES : Fe orfynnodd i swyddogion y staff ei gyfarfod ef yma ychydig wedi naw. Os mynnwch chi, mi geisiaf drefnu 'pwyntmant i chi am hanner awr wedi naw.

ALBRECHT : Diolch, diolch, ond 'does dim rhaid. 'Rwyf i eisoes wedi gweld y Llywodraethwr.

IARLLES : Os felly—?

ALBRECHT : Os felly, beth ?

IARLLES : Ystafell y Llywodraethwr yw hon.

ALBRECHT : A'i ysgrifennydd, wrth gwrs. Yn enwedig y cypyrddau.

IARLLES : Mae gennych chi apwyntmant yma, syr ?

ALBRECHT : Oes. Nid gyda'r Llywodraethwr chwaith. 'Rwy'n gobeithio na fydd gen' i ddim busnes neilltuol gyda'r Llywodraethwr. Byddai hynny'n ddiflas.

IARLLES : Mae'n iawn imi ofyn gyda phwy y mae'ch busnes chi yma, syr ?

ALBRECHT : Gyda'r staff, Iarlles, y staff.

IARLLES : 'Fyddan' nhw ddim yma tan ar ôl naw.

ALBRECHT : Pwy 'nawr ?

IARLLES : Swyddogion y staff.

ALBRECHT : Na fyddan', gobeithio. 'Rydych chithau ar ei staff ef ?

IARLLES : 'Rych chi am fy ngweld i ?

ALBRECHT : Am ychydig funudau. Os nad ych chi'n rhy brysur. Sgwrs breifat ac answyddogol tra byddwn ni'n aros y Llywodraethwr newydd.

IARLLES : Sgwrs ynghylch pa beth ?

ALBRECHT : Amryw bethau. Yr offis yma, er enghraifft.

IARLLES : Ystyr sgwrs yw holi ? Holi ynghylch fy ngwaith i ?

ALBRECHT : A'ch iechyd, a phethau eraill. Fe god'soch yn fore iawn heddiw,—dyna un peth, a gweithio'n hwyr neithiwr.

IARLLES : Do, hwyr a bore. On'd yw bywyd yn galed ?

ALBRECHT : Oeddech chi'n ei chlywed hi'n oer mor gynnar y bore ?

IARLLES : Oer ? Bore o Orffennaf ym Mharis ?

ALBRECHT : Sylwi 'roeddwn i wrth basio drwy'ch offis chi eich bod chi'n llosgi peth wmbredd o bapurau yn y stof..

IARLLES (*Y mae hi'n barod iddo bellach*) : Eithaf gwir. Ond nid oblegid oerni.

ALBRECHT : Pam ynteu ?

IARLLES : Er mwyn arbed trafferth i chi.

ALBRECHT : I mi ?

IARLLES : Neu i'ch swyddogion chi. Pam lai ?

ALBRECHT : 'Dw i ddim yn dilyn.

IARLLES : Mae'r peth reit syml. Os na losga' i nhw, bydd y gwragedd o Ffrancesau sy'n glanhau, yn cludo'r holl bapurau i swyddfa'r Gestapo.

ALBRECHT : Ai e? 'Roedd y papurau a losgwyd mor ddamniol â hynny?

IARLLES : 'Roedden' nhw'n weddol beryglus.

ALBRECHT : Peryglus? Peryglus i'r Cadfridog Stuelpnagel?

IARLLES : Tad annwyl, nage. 'Fu erioed bapur yn yr offis yma—fel y gwyddoch chi'n rhy dda—o unrhyw berigl i'r Cadfridog Stuelpnagel.

ALBRECHT (*gan chwerthin*) : Mae'n bleser croesi cleddyfau gyda chi. I bwy felly'r oedd y papurau llosg mor beryglus.

IARLLES : I chi, Herr Cadfridog.

ALBRECHT : I mi?

IARLLES : Copïau carbon a drafft o adroddiad i Herr Himmler am yr hyn ddigwyddodd ym Mharis nos Iau. Y modd y taflodd yr holl S.S. a'r S.D. eu dwylo i fyny pan restiwyd nhw, heb un, na swyddog na phreifat, yn herio neb am eiliad. Fe aeth y cwbl mor rhwydd â diwrnod cneifio. Wedyn, gorfoledd y fyddin am eu galw i roi terfyn ar y Gestapo a'u siom am na chawsan' nhw esgus i saethu neb. Ac i goroni'r cwbl, pan ddaeth gorchymyn i ryddhau'r Gestapo, pob gŵr yn gwrthod gadael ei garchar,—rhag ofn cael ei saethu wrth geisio dianc. Bu raid eu gwthio nhw'n rhydd. Yr adroddiad mwya' doniol a aeth erioed o Baris. Mi losgais i bopeth ond y copi swyddogol i Himmler a'r Fuehrer,—er mwyn arbed gwrid y Gestapo.

ALBRECHT : Mae'ch coegni chi'n dangos ysbryd, Iarlles. 'Rwy'n ei edmygu e. Ond nid i chwarae y des i yma. Mae gen' i gwestiynau i'w gofyn i chi. Y mae ymchwiliad swyddogol ar gychwyn heddiw.

IARLLES : Ymchwiliad swyddogol? Ymchwiliad i beth?

ALBRECHT : I ddigwyddiadau yn Berlin. I ddigwyddiadau ym Mharis. Fe glywsoch am Stuelpnagel ?

IARLLES : Wrth gwrs. Sut y mae'r Cadfridog ?

ALBRECHT : Mae e'n fyw . . Fe fydd byw. Ond mae ei ddau lygad e wedi mynd.

IARLLES : Mi glywais. Ar lan afon Meuse, on'd e ? Fe'i codwyd o'r afon a bwled drwy ei ben . . Ymosodiad gan fyddin gudd y Ffrancwyr.

ALBRECHT : Nonsens ! Ac fe wyddoch hynny. 'Doedd neb Ffrancwr yn agos i'r fan. Fe'i gwysiwyd i Berlin. Ar y ffordd fe geisiodd ei saethu ei hunan. Aeth ei ergyd ef ar ŵyr. Fe saethodd ei ddau lygad o'i ben. Ond fe'i codwyd o'r afon ac y mae e'n fyw.

IARLLES : Fy nghadfridog annwyl, annwyl i ! Druan, druan ohono. Heb ei ddau lygad—ac yn fyw.

ALBRECHT : 'Roeddech chi'n hoff ohono ?

IARLLES : *Oeddwn* i ? Mi ydw' i. 'Rwyf i ers tair blynedd gydag ef yma. Y Cadfridog mwya' syber a nobl yn y fyddin. Mae Ffrancwyr Paris i gyd yn gwybod hynny.

ALBRECHT : 'Wyddech chi ei fod ef yn y plot yma i ladd y Fuehrer ?

IARLLES : Y Cadfridog ? . . Ai e ? Dyna amcan yr ymchwiliad ? Fy nghael i i gyhuddo fy mhennaeth ? 'Dych chi ddim yn ei 'nabod e o gwbl, mae hynny'n eglur. Bwriwch am foment ei fod ef yn y cynllwyn, ef fyddai'r olaf yn y byd i awgrymu hynny i fenyw yn ei wasanaeth,—'roedd e'n gofalu fel tad amdanom ni.

ALBRECHT : Fe'i cymerwyd i'r ysbyty yn Verdun, ysbyty'r S.S. Fe fu dan operasiwn. Mae rhai dynion, wyddoch chi, sy'n dechrau siarad dan y clorofform, dweud enwau . . . enwau rhai o'r staff,—reit ddiddorol.

IARLLES (*Wedi gorchfygu ias o grynu*) : Druan ohono bach ! Pa raid wrth operasiwn ? 'Fedren' nhw ddim gadael iddo farw ?

ALBRECHT : Marw ? 'Dyw'r marw ddim yn siarad. Mae hynny'n anfantais.

IARLLES : Ydy' ymleferydd dyn dan glorofform yn dystiolaeth ? A'i feddwl ar goll ?

ALBRECHT : 'Wyddoch chi fyth. Fe gawn weld. Cyn hir fe fydd wedi mendio digon i'w symud i Berlin. Bydd yn debyg o ddweud rhagor yno. Mae'r Gestapo yn Berlin yn clywed llu o gyfrinachau. Mae ganddyn' nhw ddawn i berswadio dynion. O ran hynny, 'dyw hi ddim yn anodd cymell dyn dall i siarad.

IARLLES : Herr Albrecht, peidiwch â bod yn fwy ffiaidd na rhaid.

ALBRECHT : Twt ! Mae gennych chi lawer i'w ddysgu. 'Rwyf i'n fwy sentimental na hanner y Gestapo. Mi welais Stuelpnagel ddoe.

IARLLES : Oes gennych chi gwestiynau eraill ? . . . Neu, 'ydych chi wedi gorffen ?

ALBRECHT : Gorffen yr ymddiddan yma ?

IARLLES : Mae gen' i fy ngwaith.

ALBRECHT : Os felly, gwell gorffen . . os na hoffech chi wneud rhywbeth i achub bywyd Caisar von Hofacker.

IARLLES (*ar ôl cael ei hanadl ati*) : Beth ych chi'n ei wybod ?

ALBRECHT : Popeth y *sydd* i'w wybod.

IARLLES : Sut ?

ALBRECHT : Mae'r Ffrances fechan yna sy'n forwyn stafell yn eich gwesty chi—honno sy'n gwneud y gwlâu—mae hi yn ein gwasanaeth ni.

IARLLES . 'Rwy'n ei garu ef â'm holl enaid.

ALBRECHT : Metaffor yw enaid. Y cnawd sy'n cyfri.

IARLLES : Oes, mae gan y cnawd ei ran, y cnawd sy

mor dyner . . Ydy' e mewn perigl ?

ALBRECHT : Chi ddylai wybod orau. Efallai y cewch chithau eich gwadd i Berlin a'ch perswadio i siarad.

IARLLES : Herr Albrecht, nid fel yna y mae fy nychryn i.

ALBRECHT : Nid dyna f'amcan i. 'Rwy'n rhyw amau fod y syniad o ferthyrdod yn seleri Berlin yn rhoi ias o bleser i chi.

IARLLES : Fe *allai* roi pleser imi, petai e'n arbed un arall. Dim ond hynny.

ALBRECHT : Be' wnaech chi er ei fwyn e, a bod siawns ?

IARLLES : 'Does gen' i mo'r syniad lleiaf.

ALBRECHT : Wel, fe gawn weld.

IARLLES : Beth sydd yn eich meddwl chi ?

ALBRECHT : Mae llawer wedi digwydd ers tridiau. 'Glywsoch chi'r newydd o Normandi y bore 'ma ?

IARLLES : 'Chlywais i ddim byd. I mi ers tridiau y mae newydd yn amhosib.

ALBRECHT : Mae'r ffrynt wedi torri, a'r Americaniaid a'r Saeson yn tywallt drwyddo.

IARLLES : Ac wedyn ?

ALBRECHT : Fe fyddan' yma ym Mharis cyn pen mis.

IARLLES : Fe dd'wedodd y Cadfridog hynny.

ALBRECHT : Mi gredais i hyd at heddiw—hyd at neithiwr—fod yn amhosib' i Hitler fethu. Mi gredais ei fod e'n wahanol i bawb . . Nid dyna fy marn i heddiw. Mae pethau wedi newid. Dyn yw Hitler hefyd . . Ond nid ar chwarae bach y bydd yr Almaen yn cracio. Gall y rhyfel barhau eto fisoedd. Digon o amser i Himmler i ddial ar swyddogion y brad.

IARLLES : Maen' nhw wedi cyfri'r gost. Maen' nhw'n gwybod y gwaetha'.

ALBRECHT : Gwybod y gwaetha' ? (*Chwerthin*) 'Does neb yn gwybod gwaetha' dyn.

IARLLES : 'Does dim ond un angau.

ALBRECHT : Yn y diwedd, pan gân' nhw angau, pan ollyngir nhw i'w crogi, 'does neb yn eu 'nabod nhw, nid siâp dynion sydd arnyn' nhw, nid ymennydd dynion chwaith.

IARLLES (*heb godi ei llais*) :
'Rwy'n meddwl mai'r diafol ych chi.

ALBRECHT : O'r gorau, 'gawn ni daro bargen ?

IARLLES : Taro bargen ?

ALBRECHT : Dyna draddodiad Mephistopheles.

IARLLES : Pa fath fargen ?

ALBRECHT : Mae'r ymchwil swyddogol i'r brad yn cychwyn heddiw. Himmler yn llywyddu yn Berlin, minnau ym Mharis. Mae'n fwy na thebyg fod digon o dystiolaeth yn Berlin am ran Caisar von Hofacker yn y *putsch* i beri anfon gorchymyn i'w restio a'i ddanfon yno. 'Ddaeth dim gorchymyn hyd yn hyn. Gall ddyfod unrhyw funud heddiw. Mae gen' i yma ym Mharis ddigon o dystiolaeth i anfon Hofacker i Berlin mewn cyffion y funud hon.

IARLLES : 'Rwy'n amau hynny, 'Does dim gair i brofi dim yn ei erbyn e ar gael.

ALBRECHT : Ar ôl bwled Stuelpnagel, 'does dim angen profion. Mae record o deithiau Hofacker yn ddigon i'w restio.

IARLLES : Record o'i deithiau e ? Dim ond hynny ?

ALBRECHT : Hynny a'r bobl y bu e'n eu gweld, Beck, Goerdeler, Witzleben, Stauffenberg, ie a Rommel. Mae'n ddrwg gen' i ddweud fod y dystiolaeth yn drwchus. Fe fu e dan sylw'n hysbïwyr ni ers tro. Mi geisiais i ei rybuddio ef cyn y *putsch*, ond 'doedd dim yn tycio.

IARLLES : Beth yw'ch diddordeb chi yn y Cyrnol Hofacker ?

ALBRECHT : 'Dd wedais i fod gen i ddiddordeb ynddo—

heblaw diddordeb plismon ? Na, 'does gen' i ddim. *Chi* gyfaddefodd i hynny ! 'Rwy'n cynnig bargen i'r Frau Iarlles, bargen *à la* Mephistopheles.

IARLLES : Hynny yw, 'rych chi'n barod i werthu imi'r dystiolaeth yn ei erbyn ef ?

ALBRECHT : 'Fyddai hynny ar ei ben ei hun ddim yn ddigon i'w achub e. Rhaid wrth lawer rhagor. Yr unig siawns i Hofacker yw diflannu.

IARLLES : Ydy' diflannu'n bosibl ?

ALBRECHT : Fe fydd y Cadfridog Blumentritt yma mewn ychydig funudau i ddechrau ar waith Llywodraethwr Ffrainc. Mi gaf sgwrs gydag ef. Wedyn os dewch chi i'r offis ar y llawr fe fydd pass yno i'r Cyrnol Hofacker fynd am wythnos o wyliau i'r Almaen. Fel yna fe all ddiflannu. Gall fynd i'r Swistir . . Ydy'r cynnig yn deg ?

IARLLES : Ac os daw gorchymyn i'w restio o Berlin ?

ALBRECHT : Cyn iddo gychwyn ? Wedyn, byddai popeth ar ben. 'Fedrwn i wneud dim yn erbyn hynny. Ond y mae siawns, a rhoi ei fod e'n cychwyn ar unwaith y bore 'ma, y gall e ddianc cyn dyfod gwŷs. Cael a chael fydd hi ar y gorau.

IARLLES : 'Rwy'n deall. Mae'r cynnig yn od iawn oddi wrthych chi. Ond wrth gwrs nid haelioni mono. Beth yw hanner arall y fargen ?

ALBRECHT : Mae arna'i eisiau tipyn o bleser cyn gorffen ym Mharis.

IARLLES : *Er* bod Hitler yn darfod ?

ALBRECHT : Oblegid bod Hitler yn darfod . . Be' wyddost ti am Hitler, ti a'th griw, y *Corps* Swyddogion snob, yr aristocratiaid oedd yn bwrw y gallen' nhw ei ddofi e a'i gadw e dan eu bawd ? I mi fe fu Hitler yn dduw.

'Roeddwn i'n faban yn y rhyfel byd cynta', mab i weithiwr a laddwyd. 'Roeddwn i'n blentyn drwy flynyddoedd y blocâd, yn hir ar ôl darfod y rhyfel, pan oedd Ewrop i gyd yn gwledda a dawnsio, a mamau'r Almaen yn erthylu a marw o eisiau bwyd. Hyd at ugain oed 'welais i 'rioed blatiad o gig ar fy mwrdd. Wedyn daeth methiant y marc, pan na fedrai pum mil marc y bore, na deng mil marc y p'nawn, ddim prynu torth o fara. Dyna'r lle'r oeddem ni, filiynau o fechgyn yr Almaen, yn cerdded y strydoedd a'n boliau ni'n brifo gan wacter, yn nychu byw, heb obaith, heb waith. Ac yna—daeth Hitler, Hitler a Sosialaeth yr Almaen ! Fe roes waith i bob gweithiwr drwy'r Reich. Fe roes fwyd ym mhob cegin wag. Fe roes sgidiau am draed plant bychain. Fe ddysgodd i Ewrop i gyd wynnu a chrynu gerbron yr Almaen dlawd. Cawsom ddial am flynyddoedd o orwedd a'n trwynau yn y biswail a'r llaid. Ac yn awr mae e'n darfod, y gwaredwr, y dyn oedd yn wyrth. Mae e'n darfod a'r byd eto'n cracio.

IARLLES : Ac oherwydd fod Hitler yn darfod ?

ALBRECHT : Be' sy'n aros ? Ychydig ddyddiau eto a thrap llygod fydd Paris o'n cwmpas. Wel, a bod rhaid cyfri'r dyddiau, mi fynna' innau fy nial, dial ar yr holl uchelwyr sy a *von* yn eu henwau. Mi fynna' i ddial a phleser gyda'i gilydd,—gyda'i gilydd, Else. 'Does dim arall i fyw erddo mwy ond pleser byr a bythol y rhyw. 'Rwy wedi cael digon ar buteiniaid pum ffranc y *boulevards*. 'Rwy'n 'mofyn noson gyda iarlles ifanc o hen bendefigaeth yr Almaen, noson i wneud fel y mynna' i â'r cwbl oll o'i chorff hi. Mi wertha' i Hofacker iti am hynny, Else von

Dietlof. Pris ei ryddid e yw dy ddyfod di heno a'th roi dy hun imi yn noeth heb drais.

(*Mae hi'n cerdded oddi wrtho a throi ei chefn arno.*)

. . . Wel ? . . . 'Ydy hi'n fargen ? . . . .

(*Mae hi'n troi i'w wynebu ac yn amneidio â'i phen ei chydsynio.*)

. . Na, 'dyw hynny ddim yn ddigon. Rhaid imi dy glywed di'n addo—mi ddof atat ti heno, Karl.

IARLLES : Os aiff ef o Baris yn rhydd—

ALBRECHT : Teg, ei wala. Os aiff ef o Baris yn rhydd—

IARLLES : . . . Mi . . mi ddof . .atat ti, heno, Karl.

ALBRECHT : Tyrd yma. Rhaid iti selio d'addewid â chusan.

(*Mae hi'n cau ei llygaid ac yn cerdded yn araf tuag ato a chodi ei wyneb tuag ato heb agor ei llygaid. Mae yntau'n ei chusanu a dweud*) :

. . . Mi agora' i dy lygaid di dipyn heno.

(*Mae e'n ei gollwng hi ac yn chwerthin yn fuddugoliaethus. Ac yna daw* BLUMENTRITT *i mewn atynt.*)

BLUMENTRITT : Albrecht ! 'Rych chi o'm blaen i . . Bore da, Frau Iarlles. Bydd yn rhaid imi ddibynnu llawer arnoch chi yn fy swydd newydd. Ond am gyfnod byr. 'Fyddwn ni ddim yma'n hir, neb ohonom . . Fe glywsoch y newydd o Normandi ?

ALBRECHT : Eu rheolaeth nhw ar yr awyr yw'r esboniad. 'Does gennym ni ddim ateb.

BLUMENTRITT : 'Glywsoch chi'r awyrblanau neithiwr ? Mae'n nhw'n gwneud llanast' o'n rheilffordd ni. Mae arna' i ofn y dôn' nhw dros Baris eto y bore 'ma.

IARLLES : Mi fydda' i yn fy offis, Herr Cadfridog, a bod galw. Dyma allweddi'r Cadfridog Stuelpnagel . . .

(Mae hi'n codi pistol o'i satsiel wrth roi'r allweddi i'r Llywodraethwr. Mae yntau'n sylwi.)

BLUMENTRITT : 'Rwy'n disgwyl swyddogion y staff. Pan ddôn' nhw, a ddewch chithau i mewn hefyd, Iarlles ? . . 'Rwy'n gweld eich bod chithau'n cario pistol.

IARLLES (*gan ei roi'n ôl yn ei satsiel*) :
Un bychan, syr . . Rhag ofn trwbl—yn y nos.

(*Exit* IARLLES.)

BLUMENTRITT : Yn awr, Albrecht, beth amdani ?

ALBRECHT : Herr Llywodraethwr, 'gawn ni drafod y mater yma yn gyfrinachol ac yn gyfeillgar ?

BLUMENTRITT : Dyna'ch dymuniad chi ?

ALBRECHT : Mae'r sefyllfa yn Ffrainc yn gwbl wahanol i Berlin.

BLUMENTRITT : 'Does gennym ni ddim llawer o amser yma.

ALBRECHT : Yma mae'n rhaid i'r S.S. a'r fyddin helpu ei gilydd bellach.

BLUMENTRITT : Mae'r restio nos Iau yn dangos y perigl i'r S.S.

ALBRECHT : Wel, 'rwy'n cyfadde fod y peth yn sioc . . . Mi gefais i sioc neithiwr oedd yn waeth.

BLUMENTRITT : Fod y Rwsiaid wedi torri drwodd ?

ALBRECHT : Mi glywais hynny hefyd. Fe fu Himmler yn siarad drwy'r teleffôn.

BLUMENTRITT : Wrth gwrs.

ALBRECHT : Herr Cadfridog, mae Himmler yn dechrau meddwl y dylid tynnu'r rhyfel i ben. Himmler!

BLUMENTRITT : Himmler hefyd ? 'Ddaru 'chi synnu ?

ALBRECHT : Nid synnu yw'r gair . . . Mi dybiais tan neithiwr fod tir sych dan fy nhraed i.

BLUMENTRITT : A'i gael yn dywod sugno ?

ALBRECHT : Rhaid i ni'n dau—daro bargen.

BLUMENTRITT : Sut fargeiniwr ydych chi, Albrecht ?

ALBRECHT (*wedi bloedd o chwerthin*) :

Llwyddiannus ! Llwyddiannus iawn. Mae gen' i gardiau da yn fy llaw,—heddiw.

BLUMENTRITT : Am dymor. Tymor 'all fod yn fyr.

ALBRECHT : Dyna'ch cardiau *chi*. Mae'r ymchwiliad swyddogol i'r *putsch* yn fy nwylo i.

BLUMENTRITT : Dyna'ch mantais chithau.

ALBRECHT : Mi wna' i 'ngorau i gadw'r ymchwiliad rhag lledu, mi wna' i 'ngorau i atal pob tystiolaeth yn erbyn eich staff chi ym Mharis, ar yr amod eich bod chithau'n helpu'r S.S. a'r Gestapo i ddianc gyda'r garsiwn cyn dyfod yr Americaniaid a'r Saeson.

BLUMENTRITT : Dyna'r fargen ?

ALBRECHT : Bargen ddigon teg.

BLUMENTRITT : Mi gefais i orchymyn gan Kluge i adael i'r Gestapo holi holl swyddogion y staff ac anfon adroddiad i Himmler.

ALBRECHT : Mae Himmler am ddial ar y *Corps* Swyddogion. Mi gymera' i ofal o'r holi ym Mharis.

BLUMENTRITT : Mae gan y Gestapo eu dull eu hunain o holi.

ALBRECHT : Caiff yr holi fod yma yn eich offis chi, nid yn swyddfa'r Gestapo. Fe gewch chithau fod yn bresennol a gwahardd unrhyw bwyso annheg.

BLUMENTRITT : Purion. Beth am y Marsial Kluge ?

ALBRECHT : Rhyngoch chi a minnau, Herr Cadfridog, mae Hitler am ei waed e.' Does gan y Fuehrer ddim ffydd ynddo. Trwy lwc, hyd yma 'does gan y Gestapo yn Ffrainc ddim rhithyn o braw fod Kluge yn y plot . . ' Fedra' i ddim dweud hynny am Stuelpnagel na'i staff.

BLUMENTRITT : Stuelpnagel druan ! Mae'r peth yn erchyll..

ALBRECHT : Mae'n amhosibl imi wneud dim dros Stuelpnagel.

BLUMENTRITT : 'Rwy'n deall hynny. 'Oes rhai eraill mewn perigl ar unwaith ?

ALBRECHT : Wrth gwrs. Mae holl bapurau Beck a Goerdeler wedi syrthio'n gyfain i ddwylo Himmler. Enwau pawb oedd i gael swydd yn y Llywodraeth newydd. . . (*Mae e'n chwerthin*) . . Mae'r peth yn anhygoel blentynnaidd. 'Does dim i'w wneud ond cymryd y rhestr a restio pob un. Mae chwiw ynoch chi swyddogion y fyddin i gael popeth i lawr ar bapur, plan o'r frwydr, ac wedyn i gadw'r papurau. 'Does dim ond un lle, un lle'n unig o bobman, nad oes un darn o bapur ar gael ynddo i gyhuddo neb.

BLUMENTRITT : P'le yw hwnnw ?

ALBRECHT : Yma ym Mharis. Buom yn chwilio ers deuddudd yn drwyadl,—dim.

BLUMENTRITT : Mae'n gysur clywed hynny.

ALBRECHT : Mae'r esboniad yn hawdd.

BLUMENTRITT : Fe gadwodd Stuelpnagel y cwbl iddo fe'i hunan ?

ALBRECHT : Mae hynny braidd yn rhy ddiniwed, syr.

BLUMENTRITT : Beth yw'ch esboniad chi ?

ALBRECHT : Ym Mharis, merch yw ysgrifennydd y Llywodraethwr. Merch oedd yn gofalu am y papurau.

BLUMENTRITT : A'i phistol yn ei satsiel ? 'Ydy' hithau dan amheuaeth ?

ALBRECHT : 'Hwyrach, heno. Ond nid yn Berlin. Mae hi'n llawer rhy glyfar. Y gŵr sy ar ymyl y dibyn yw'r Cyrnol von Hofacker. Mae'r papurau yn Berlin yn ddigon am ei fywyd e. Ef oedd enaid y *putsch* yn y Gorllewin.

BLUMENTRITT : Ai e ? 'Ddaeth dim gorchymyn—?

ALBRECHT : Fe all ddyfod ynrhyw funud.

BLUMENTRITT : Fe fuoch chi ac yntau braidd yn elynion.

ALBRECHT : Mi dd'wedais fod yn rhaid heddychu rhwng y Gestapo a'r *Corps*.

BLUMENTRITT : Hyd at helpu i achub Hofacker ?

ALBRECHT : Hofacker yw'r allwedd i'r cwbl. Mae'n

bwysicach na dim ei gael ef allan o'r ffordd.

BLUMENTRITT : 'Rych chi'n dangos haelioni y tu hwnt i'm disgwyl i . . Sut mae gwneud ?

ALBRECHT : Mae gwyliau'n ddyledus iddo. Yr unig siawns yw ei anfon ef adre i'r Almaen am wythnos o wyliau y bore 'ma. Rhaid iddo gael pass.

BLUMENTRITT : O'r gorau, mi drefna' i hynny reit sydyn.

ALBRECHT : Cofiwch, Herr Llywodraethwr, beth bynnag am fy syniadau personol i, os daw gorchymyn drwy'r teleffôn o Berlin i'w restio ef neu Linstow, bydd yn rhaid imi wneud hynny ar ruthr, heb drugaredd, heb eiliad o oedi . . Gorau po gyntaf yr aiff e o Baris.

BLUMENTRITT : Ie, eich diwrnod chi, y Gestapo a'r S.S. yw hi heddiw. Mae gen' i orchmynion i'w traddodi i swyddogion y fyddin ym Mharis 'fydd yn chwerw iawn iddyn' nhw i gyd.

(*Mae'r* IARLLES *yn y drws.*)

IARLLES : Herr Llywodraethwr, y Cyrnol Linstow a'r Cyrnol von Hofacker.

BLUMENTRITT : Dewch chithau i mewn hefyd, Iarlles. Albrecht, 'rwy'n eich gwahodd i aros i glywed yr hyn sy gennyf . . . .

(*Daw'r ddau gyrnol i mewn a rhoi salŵt y fyddin. Y mae* BLUMENTRITT *yn gosod cadair wrth y bwrdd.*)

. . . . . Eisteddwch, Frau Iarlles. Mi garwn i chi gymryd ychydig nodiadau ar gyfer y record.

(*Mae hi'n eistedd a chymryd papur a phin. Mae'r lleill ar eu traed.*)

Cyrnol Linstow, Cyrnol von Hofacker, mae'n rhaid imi fynd i bob offis yn yr hotel y bore 'ma a dweud gair wrth y staff ym mhob un. Mi ofynnais i chithau fy nghyfarfod i yma er mwyn cael siarad yn gyfeillion ac i minnau draddodi'r pethau a orchmynnwyd imi. Yr oeddech chi eich dau ar staff personol fy nghyfaill, von Stuelpnagel, ac yn gyfeillion iddo.

LINSTOW : Beth yw'r newydd dwaetha', syr ?

BLUMENTRITT : Herr Cadfridog, chi ŵyr hynny orau bellach.

ALBRECHT : Bu'r operasiwn yn llwyddiant,—mae ei feddwl e'n gwbl glir. 'Chyffyrddodd y bwled ddim â'r 'mennydd. Mae e yn yr ysbyty dan ofal y Gestapo... Mae'n ddrwg gen' i ei fod e'n fyw.. Fe'i gwelais ddoe a chael sgwrs....

BLUMENTRITT (*wedi edrych arnynt*) :
Eisteddwch, foneddigion....

(*Eisteddant.*)

Rhaid imi drafod pethau eraill anhapus. Mae'n siŵr i chi glywed adroddiadau'r radio y tridiau dwaetha 'ma. Oblegid hynny, i ddial am y brad ac i arbed dim tebyg fyth eto, fe benodwyd y Reichsfuehrer Himmler yn Ben-cadfridog ar yr holl fyddin gartref yn yr Almaen. Herr Himmler hefyd sy'n arwain yr ymchwil swyddogol i gylch ac ymlediad y plot. Bydd yr ymchwil yn Ffrainc dan ofal y Cadfridog Albrecht.

ALBRECHT : Herr Llywodraethwr, fel y d'wedais i, mi gefais sgwrs gyda Stuelpnagel ddoe. 'Roedd ei feddwl e'n glir ac yn dawel. Fe dd'wedodd ei fod e'n gwybod am gynlluniau'r bradwr Beck ond iddo gadw'r wybodaeth iddo'i hunan rhag peryglu neb o'i staff, O 'nabod Stuelpnagel, 'rwy'n barod i dderbyn hynny. Os felly, 'rwy'n gobeithio mai ffurfiol a byr fydd fy ymchwil i ym Mharis. Ond fe ddeëllwch, os daw gŵys o Berlin i restio neb pwy bynnag—wel, dyna fe !

BLUMENTRITT : Unrhyw gwestiwn ?

(*Trwy'r cwbl mae'r ddau gyrnol yn eistedd yn syth megis delwau heb ddangos dim ar wyneb.*)

. . . Mae gen' i un gorchymyn arall i'w drosglwyddo. Mae'r peth yn ofid imi. Fe fydd yn ofid i chithau, yn ofid i holl hen swyddogion y fyddin. Fe fu cadw salŵt y fyddin yn fater o falchder gennym ni oll, yn rhan o hen hanes yr Almaen, yn sumbol o draddodiad. Yn awr y mae annibyniaeth y fyddin i ddarfod. Mae annibyniaeth *Corps* y Swyddogion i ddiflannu. Mae'r peth yn chwerw. Foneddigion, mae rhywbeth sy'n fwy chwerw fyth yn rhythu arnom ni : mae'r Almaen unedig yn ymddatod ac yn darfod. Yn wyneb hynny, y mae un peth sy'n bwysicach i'r *Corps* Swyddogion na chadw sumbol y salŵt. Rhaid inni gadw hyd at y terfyn y traddodiad mwyaf oll, y traddodiad o ufudd-dod milwrol, balchter y *Corps*, y peth y mae'r salŵt yn sumbol ohono, plygu i ddisgyblaeth a gorchymyn, hyd yn oed yn awr ein darostyngiad . . Sefwch ar eich traed, foneddigion.

(*Mae'r cwmni'n sefyll gard, oddieithr yr* IARLLES *sy'n parhau i eistedd.*)

. . . Rhoddaf i chi salŵt newydd y fyddin : Heil Hitler !

Y TRI (ALBRECHT *gyntaf, yna'r ddau arall yn welw dawel*) : Heil Hitler !

(*Mae* BLUMENTRITT *ac* ALBRECHT *yn troi i fynd allan. Exit* ALBRECHT. *Wrth y drws mae* BLUMENTRITT *yn troi'n ôl a galw*) :

BLUMENTRITT : Hofacker, 'rwy'n deal fod pythefnos o wyliau'n ddyledus i chi ers misoedd. 'Rwyf yn trefnu i chi gael mynd y bore 'ma . . .

Iarlles, bydd y pass i'r Cyrnol yn yr offis ar y llawr. . . .

(*Mae e'n troi eto i fynd ond yn dychwelyd a llaw ar fraich* HOFACKER)

. . . Fy nghyfaill, mae Albrecht yn awgrymu mai brysio sydd orau. Gellwch fynd ar unwaith.

(*Exit* BLUMENTRITT. *Mae'r ddau gyrnol yn edrych ar ei gilydd. Mae'r* IARLLES *yn parhau i blygu dros ei phapurau. Mae'r tri'n amlwg dan straen.*)

HOFACKER : Heil Hitler ! sumbol ein darostyngiad eitha !

LINSTOW : Mae rhuddin yn Bleumentritt. Mentro'i fywyd oedd dweud fel y gwnaeth e.

HOFACKER : Heil Hitler ! A'r S.S. yn ben ar y fyddin.

LINSTOW : A'r *Corps* Swyddogion dan Himmler.

HOFACKER : 'Rŷm ni wedi colli'r cwbwl oll. Y cwbwl oll !

LINSTOW : Fe lwyddodd Blumentritt i roi rhyw urddas hyd yn oed ar ein gwarth ni.

HOFACKER : 'Rwy'n deall Blumentritt. Mae daioni'n naturiol iddo.

LINSTOW : Ond Albrecht ?

HOFACKER : 'Dwyf i'n deall dim ar Albrecht.

LINSTOW : Mae e am ein harbed ni. Ymchwiliad ffurfiol a byr !

HOFACKER : 'Dych chi ddim yn ei gredu e ?

LINSTOW : Mae Blumentritt yn ei gredu e.

HOFACKER : Rhaid ei fod e'n gwybod rhywbeth na wyddom ni ddim.

LINSTOW : Neu fe gafodd droedigaeth !

HOFACKER : Albrecht ? 'Choelia' i fawr. Blagard penna' Paris.

LINSTOW : Y merchetwr mwya' pwdr ym Mharis. Mae ar hen wrachod y *boulevards* arswyd rhagddo.

HOFACKER : Be' sy ganddo yn ei lawes y tro hwn ?

LINSTOW : Cael ei ddychryn nos Iau, 'hwyrach.

'Chredodd e ddim y byddai'r bechgyn mor awchus i roi clewten i'r Gestapo.

HOFACKER : Mi ddalia' i fod rhywbeth mwy na hynny ganddo. Rhyw fantais, rhyw ennill personol, mi awn ar fy llw.

LINSTOW : Fe roes awgrym plaen iawn i chi i glirio o' ma'n glau.

HOFACKER : Tybed ai trap yw'r cwbwl ?

LINSTOW : Mae Blumentritt yn gweithio gydag e. Rhyw fargen sy rhyngddyn' nhw.

HOFACKER : Neu ei fod e'n gweithio rhyw gast a Blumentritt yn ddiniwed.

LINSTOW : 'Wyddoch chi, mae'r dyddiau yma'n chwarae'r diawl â nerfau dyn.

HOFACKER : Mae Kluge'n chwilio am ddihangfa yn y frwydr. 'Glywsoch chi ?

LINSTOW : Chwilio am fwled trugarog ! Wel, fe gewch chithau fynd ar wyliau y bore 'ma.

HOFACKER : Cad-farsial yr Almaen yn ei gynnig ei hun yn gocyn hitio !

LINSTOW : Mi rown i bopeth am fod gydag ef yn y ffrynt.

HOFACKER : 'Does dim ffrynt heddiw. Mae'r ffrynt wedi torri, yn union fel y d'wedodd Rommel.

LINSTOW : Mae popeth yn torri. Torri'n rhacs !

HOFACKER : Fe fyddai cael ein restio yn ysgafnhad.

LINSTOW (*yn torri allan*) :

Rhacs ! Rhacs ! Rhacs ! Rhacs o ddynion ! Dyna ydym ni ! 'Fedrai Stuelpnagel ddim saethu'n syth ! 'Fedrai Claus Stauffenberg ddim gosod bom yn gywir na sefyll i aros y ffrwydrad ! 'Fu gen' innau ddim digon o blwc i saethu Kluge nos Iau ! Mae *Corps* y Swyddogion yn rhacs ! Fe awn i'n crogi bob un dan ganu " Mein Fuehrer, Adolf Hitler ! Sieg Heil ! Sieg Heil ! Sieg Heil ! "

(Mae e'n syrthio i gadair yn swp. Mae'r IARLLES *yn codi ac estyn dŵr iddo . . . Mae yntau'n yfed. Wedyn yn dawelach yn dweud* :)

. . . Maddeuwch i mi. Mae 'nghalon i'n fy ngyrru i fel yna weithiau ! 'Wna' i mono eto.

(Mae ELSE'*n casglu ei phapurau a'u dodi gyda'i satsiel ar y bwrdd yn barod. Wedyn mae hi'n troi at* HOFACKER.)

IARLLES : Cyrnol, fe glwysoch be' dd'wedodd y Llywodraethwr. Gorau po gynta'r ewch chi o'r hotel yma. Mi alla'i i ddyfod a'r pass atoch chi i'r stesion os ewch chi'n awr i bacio. Mae trên o'r Gare de l'Est am ddeg ar gloch.

HOFACKER : 'Dw' i ddim wedi penderfynu mynd.

IARLLES : Mae'r Llywodraethwr wedi trefnu popeth.

HOFACKER : 'Dyw gwyliau ddim yn orchymyn.

IARLLES : Paid â siarad yn lloerig.

HOFACKER : Rhaid imi gael amser i feddwl.

IARLLES : Mi fedri gael popeth ond amser. 'Does dim amser i'w gael, ond gan y Gestapo.

(Mae hi'n bwrw golwg ar LINSTOW, *ond trwy'r ymddiddan hyd at y seiren rhybudd y mae* LINSTOW *yn ddiymadferth).*

. . . Caisar, fe glywaist rybudd y Llywodraethwr. Fe all arbed dy fywyd di fod yn fater o funudau bellach. Mae pob eiliad yn cyfri.

HOFACKER : Fi sy'n gyfrifol. Fi dynnodd Stuelpnagel a'r staff i mewn i hyn.

IARLLES : 'Fydd dweud hynny ddim yn help i Stuelpnagel.

HOFACKER : Mae e'n ddall yn nwylo'r Gestapo.

IARLLES : 'Wyt ti'n 'mofyn dy restio er mwyn bod yn dyst yn ei erbyn e ?

HOFACKE2 : Fy nyletswydd i yw cymryd fy rhan gyda'r

lleill o'r dial a'r gosb.

IARLLES : 'Wyt ti ddim yn gweld, os dalian' nhw di, bydd gweddill y staff ym Maris mewn perigl mwy ?

HOFACKER : 'Wyt ti'n meddwl na fedrwn i ddim tewi dan yr artaith ?

IARLLES : 'Wyt ti mor amheus ohonot dy hun fel bod rhaid iti dy brofi dy hun ?

HOFACKER : Nage, nid dyna'r peth o gwbwl.

IARLLES : Caisar, mae'r munudau'n pasio. Mae'n synhwyrau ni bron drysu.

HOFACKER : Ydyn'. Mae pawb mewn perigl. Dyna'r pam na fedra' i ddim dianc a mynd yn saff.

IARLLES : Paid â bod yn greulon a hunanol. Paid â chwanegu poen. Dos ar unwaith yn awr.

HOFACKER : Else druan, 'does gen' i ddim hawl i fynd.

IARLLES : Dim hawl ?

HOFACKER : 'Does gen' i ddim hawl i ddiolgelwch. Dim hawl i ddianc rhag poen. Er mwyn yr Almaen, i arbed rhywfaint o'r cywilydd.

IARLLES : 'Does gen' ti ddim hawl i bentyrru gofid i eraill.

HOFACKER : 'Does mo'r help. Rhaid imi fynd drwy'r poenydio a'r crogi. Gyda Stuelpnagel a'r lleill. Rhaid imi brofi'r cwbwl. 'Does gen' i ddim hawl i fywyd.

IARLLES : (*wedi colli ei rheolaeth arni ei hun am eiliad*) : 'Does gen' ti ddim hawl i'th ladd dy hunan. Mae dy fywyd di wedi costio gormod. Mae gormod wedi ei addo, gormod wedi ei aberthu—

(*Y mae* HOFACKER *yn gafael ynddi wrth ei hysgwyddau ac yn gweiddi*)

HOFACKER : Ti sy'n gyfrifol am Albrecht ?

(*Mae hi'n cau ei llygaid ac ysgwyd ei phen.*)

. . . Beth wyt ti wedi ei wneud ? Wyt ti wedi dy werthu dy hun i'r drewgi siffilitig yna, i'r sgerbwd pwdwr ? Wyt ti wedi dy roi dy hun iddo ? Rhoi dy wefusau ? Rhoi dy gorff i'w faeddu ? . . . Ateb fi, wraig, ateb fi . . . Ai dyna bris fy mywyd i ? . . . .

(*Mae hi'n ymryddhau ac yn ei choncro'i hun i ateb yn dawel*) :

IARLLES : Caisar, nid dyma'r adeg i sterics a gwallgofrwydd—

(*Mae yntau'n taranu eilwaith*)

HOFACKER : Mae'n wir felly ? Mae'n wir ? 'Feiddi di mo'i wadu e ! 'Doedd dim yn eisiau ond hynny. 'Rŷm ni wedi bradychu popeth, bradychu'r *Corps*, bradychu'r Almaen ac Ewrop, ac yn awr ein serch ni hefyd, ein ffyddlondeb personol ni i'n gilydd, mae hynny hefyd wedi ei werthu mewn brad, mewn brad—

(*Mae'r seiren rhybudd yn canu'n uchel a hir. Mae* LINSTOW *yn neidio i'w draed*) ;

LINSTOW : Dyna'r seiren ? Y seiren rhybudd !

HOFACKER : Cyrch awyr ! Llu awyr y Saeson.

LINSTOW : 'Chaiff neb fynd allan i'r stryd.

HOFACKER : 'Chaiff neb symud o'r tŷ. Mae digon o amser yn awr.

(*Mae e'n chwerthin yn hir ar* ELSE.)

IARLLES : Rhaid i mi fynd at ferched yr offis i arwain y dril.

LINSTOW : Rhaid i minnau fynd i drefnu'r swyddogion tân.

(*Mae'r ddau yn mynd a gadael* HOFACKER *ei hunan. Mar'r seiren yn peidio. Mae* HOFACKER *yn mynd at y ffenestr i edrych allan. Yna clywir chwibanu byr a mynych a chyflym o bob cyfeiriad a sŵn traed yn rhuthro. Teffir y drws yn agored a rhuthra dau filwr i mewn gyda gynnau yn eu dwylo*):

MILWYE : Gestapo ! Gestapo !.. Dwylo i fyny !...

(*Nid yw* HOFACKER *yn symud ond yn edrych yn dawel. Daw* ALBRECHT *i mewn a mynd ato.*) :

ALBRECHT : Cyrnol von Hofacker !

HOFACKER : Herr Cadfridog ! (*A sefyll gard.*)

ALBRECHT : Neges teleffôn yma'n awr. Gorchymyn i'ch restio chi.

HOFACKER : Wrth gwrs ! 'Roeddwn i'n eich disgwyl chi.

ALBRECHT : Fe gawsoch ddigon o rybudd. Digon o gyfle i ffoi.

HOFACKER : Gormod. Trueni na ddaethoch chi hanner awr yn ôl.

ALBRECHT : Nid fy newis i. Gorchymyn o Berlin.

HOFACKER : Hanner awr yn ôl 'roedd gen' i un peth eto'n aros y gallwn i gredu ynddo. 'Does gen' i ddim oll yn awr.

ALBRECHT : Dyna'n trwbl ni bawb drwy Ewrop heddiw.

HOFACKER : Fi'n unig, 'rwy'n gobeithio ?

ALBRECHT : Fe restiwyd Linstow ar y llawr wrth ddrws yr hotel.

HOFACKER : Linstow ? Mae hynny'n siŵr yn gamgymeriad.

ALBRECHT : Cawn weld. 'Oes gennych chi refolfer ?

HOFACKER : Yn fy llety.

ALBRECHT : Phiol o wenwyn ?

HOFACKER : Dim oll.

ALBRECHT : Dannedd gosod ?

HOFACKER (*dan chwerthin*) :
Fy nannedd fy hunan.

ALBRECHT : Nid cellwair yw gofyn. Mae llawer wedi dianc o'n dwylo ni drwy eu llyncu nhw.

HOFACKER : 'Dyw dianc ddim ar fy rhaglen i.

ALBRECHT : Y ffŵl rhamantus ! 'Ych chi'n meddwl fod ystyr i boen ?

(*Daw'r* IARLLES *i mewn, edrych arnynt a mynd at* HOFACKER. *Y mae yntau'n cau ei lygaid rhag ei gweld hi.*)

IARLLES : Cyrnol von Hofacker, dyma'ch pass chi i fynd i Berlin.

ALBRECHT : Frau Iarlles, mae'r Cyrnol yn mynd i Berlin

a 'does dim angen pass.

(*Mae hi'n estyn ei dwylo i'w rhoi am wddf* HOFACKER, *ond yn syrthio ar hyd ei gorff ef i'r llawr. Nid yw yntau'n agor ei lygaid. 'Does neb yn symud. Mae'r llen yn disgyn.*)

TERFYN.